사르비아 총서 · 602

# 기탄잘리

R.타고르 지음 / 김양식 옮김

범우사

차 례

□ 이 책을 읽는 분에게 · *5*
□ W. B. 예이츠의 서문 · *7*
　기탄잘리 · *21*
□ 연 보 · *205*

☐ 이 책을 읽는 분에게

　라빈드라나드 타고르(1861~1941)는 1861년 캘커타의 한 부유한 명문가의 열 네째 막내아들로 태어났다. 형들은 각기 철학자, 음악가, 사회사업가로서 한 집안을 이루고 근대 인도의 기치(旗幟)를 높이 올린 벵골 르네상스의 기수들이었다. 그러한 이유로 타고르의 집안에는 경건함과 종교적인 분위기와 자유로운 학문, 예술의 기풍이 가득 차 있었다. 그의 천부적 감수성의 풍부한 꿈과 날카로운 직관은 그가 8세부터 시를 쓰게 했다.
　1913년 동양인으로서는 처음으로 노벨문학상을 수상했다. 이 사실은 세계인의 관심으로부터 멀어져 가고 있던 땅과 그 땅에 사는 인도인들에게 이목을 집중시켰다. 커다란 놀라움과 찬탄으로······.
　여기 번역 소개되는 〈기탄잘리〉는 바로 그의 수상작으로서 그가 직접 쓰고 혹은 영역한 영어판에서 시도했다. 영어판〈기탄잘리〉는 103편의 산문 서정시로 이루어져 있으나 이것은 동명(同名)의 벵골어 원전에서의 전역(全譯)이 아니고 원전에서 53편과 〈노래의 화환〉, 〈제물(祭物)〉에서 50편을

골라서 원시(原詩)의 이데아와 비전을 살리면서 시인 자신, 자유로이 영어로 바꾸어 쓸 수 있었던 것이다. 작자 자신의 영역은 곧 번역이라기보다는 훌륭한 영시인 것이다.

〈기탄잘리〉에는 생의 애수와 죽음의 공포를 초월한 인간만이 가질 수 있는 청정한 마음의 평안한 기쁨의 음률이 온통 물결치고 있음을 본다. 〈기탄잘리〉는 '노래로 바치는 제물'이란 뜻이나 인도의 철학자 라다크리슈난은 이를 두고, "유한으로부터 무한으로의 영혼의 노래의 제물이다"라고 말하고 있다.

실로 이 시에서는 사상, 감정이 극도로 심화되어 응결된 언어는 더욱 간결하고 소박해져서 끝내는 아름다운 선율을 동반한 노래라는 것을 어렵지 않게 감지할 수 있을 것이다.

시의 번역은 무모한 모험으로서 마치 향기없는 꽃으로 비유되고 있으나 다만 번역을 통해서 타고르 시의 세계와 거기 물결치고 있는 그의 영원으로 이어지는 이메저리의 심층까지 단계적으로 감지할 수 있도록 독자와 같이 읽어 갈 것을 바라면서 감히 이 어려운 작업에 손을 댔다. 그것은 자신이 이미 오래 전 타고르 시에 몰입되어 있었기에 용기를 낼 수 있었고, 그러기에 이 졸역이나마 무한한 기쁨과 부끄러움도 함께하여 여러 독자 앞에 내놓게 된 것이다.

옮 긴 이

□ W.B. 예이츠의 서문

*1*

 나는 며칠 전 한 저명한 벵골 태생의 의사에게 말하기를,
"나는 독일어를 모르기 때문에 만일 어느 독일 시인의 번역 작품이 감동적이었다면, 영국 박물관에 가서 그의 생애와 사상에 관해 알 수 있는 영역된 책자가 있나 찾아볼 수밖에 없었을 것입니다. 라빈드라나드 타고르의 번역된 산문시는 오랫만에 내 피를 들끓게 했지요. 그러나 인도에서 온 여행자가 내게 말해 주지 않았다면 나는 그의 생애나 그의 창작을 가능케 한 사상에 관하여 전혀 알 수 없었겠지요"라고 했다.
 그는 내가 감동된 것은 당연한 것이라고 여기는 듯 말하기를,
"나는 라빈드라나드의 작품을 매일 읽지요. 그의 시 한 줄을 읽노라면 세상의 모든 괴로움을 잊는답니다"라고 했다.
 나는 또 다음과 같이 말했다.
"리처드 Ⅲ세 당시, 런던에 살고 있던 영국인이 페트라르카나 단테의 번역된 작품을 읽고 그 작가에 대해 알고자 해도 도움이 될 책이 없어 지금 내가 당신에게 묻듯이 프로렌

스의 은행가나 롬바아드의 상인에게라도 묻지 않을 수 없었겠지요. 내가 생각하기에는 이 시편이 참으로 풍부하고 소박함은 당신네 나라에 새롭게 르네상스가 일기 시작하는 것 같군요. 물론 나는 들려 오는 이야기로밖에는 아는 바가 거의 없습니다."

그는 대답하기를,

"인도에는 다른 시인들도 많습니다만 그에게 견줄 자는 아무도 없습니다. 그래서 우리는 지금은 라빈드라나드의 시대라고 하지요. 인도에서는 물론 유럽에서도 타고르만큼 훌륭한 시인은 없다고 생각됩니다. 그는 음악에 있어서도 시에서만큼 훌륭하고 또 그의 노래는 서인도로부터 버마에 이르기까지 벵골어가 통용되는 곳에서는 어디서나 많이 불려지고 있지요. 그는 이미 19세에 첫소설을 써서 유명해졌고 또 곧 이어 쓴 희곡들은 지금까지 캘커타에서 꾸준히 상연되고 있답니다. 나는 그의 생의 완전함을 찬미하지요. 그는 아주 어렸을 때 온종일 정원에 앉아서 자연을 소재로 한 글들을 많이 썼다고 합니다. 그리고 25세부터 35세를 전후한 시기, 그가 가장 커다란 고통을 겪을 때 그는 우리의 언어로 가장 아름다운 사랑의 시들을 썼지요."

그는 더욱 감동 어린 목소리로 말하기를,

"내가 17세 때, 그의 사랑의 시편에 얼마나 깊이 빠져 들었는지 말로 다할 수 없습니다. 그 후 그의 예술은 보다 깊어져서 종교적이고 철학적이 되었지요. 인류의 모든 열망이 그의 찬가 속에 들어 있지요. 그는 삶을 거부하지 않고, 주저없이 삶 그 자체로부터 말하는 성인들 가운데 가장 뛰어난 분이지요. 또한 그것은 우리가 그를 사랑하는 까닭이기도 합니다. 얼마 전 그는 우리의 한 사원에서 경건한 기도문을 읽었지요 —— 부라마 사마지(Brahma Samaj)인 우리는 사원을 처어취라고 하는 당신들의 말을 사용하고 있습니다 —— 그 사원은 캘커타에서 가장 큰 곳이었는데도 신도들은 사원에 가득 모여 들었을 뿐만 아니라 창틀 위에까지 올라서고, 거리에도 가득히 운집하여 사람들이 다닐 수 없을 정도였답니다."

혹시 그의 정선된 어휘들이 내 기억 속에서 좀 바뀌었을는지는 모르나 그의 뜻에는 틀린 바가 없을 것이다.

그 밖에도 나를 찾아온 다른 인도인들이 보여준 타고르에 대한 존경심은 명백한 조롱이나 다소 심각한 멸시의 베일로 크든 작든 감춰 버리는 우리네 세계에서는 아주 색다르게 들렸다. 우리가 사원을 지을 때 우리의 성인에 대해 그만한 존경심을 가진 적이 있었던가?

"매일 아침 세 시부터 두 시간 동안 그는 움직이지 않고 앉아서 신의 본질에 대해 명상의 시간을 가집니다. 그의 아버지인 마하리쉬 또한 이따금 같은 곳에 앉아 다음날까지 명상에 잠겨 있기도 합니다. 한번은 그가 강 위에서 풍경의 아름다움에 도취되어 깊은 명상에 잠기는 바람에 뱃사공은 8시간이나 기다려야 했던 적도 있습니다."

타고르를 잘 아는 한 인도인이 나에게 이런 이야기와 더불어 타고르의 집안과 여러 대에 걸쳐 그 가문의 요람에서 어떻게 훌륭한 인물들이 날 수 있었는가를 말해 주었다.

"그 집안엔 지금 고고넨드라나드 타고르와 아바닌드라나

드 타고르의 두 예술가가 있지요. 그리고 바로 라빈드라나드의 맏형인 드뷔젠드라나드는 위대한 철학자랍니다. 다람쥐들이 나뭇 가지에서 내려와 그의 무릎으로 기어오르기도 하고 새들이 그의 손에 날아와 앉기도 하지요."

나는 이들의 사상에 가시적(可視的)인 아름다움과 의미는 니체의 학설, 즉 우리가 육체적 대상에 빠르건 늦건간에 인상지어지지 못하는 윤리적 혹은 지성적 아름다움을 믿지 말아야 한다는 교의가 함축되어 있음을 주시했다. 나는 다음과 같이 말했다.

"동양에서 당신들이 명문의 집안을 어떻게 지키는가를 알지요. 언젠가 한 박물관 관리인이 중국 인쇄물을 정리하고 있는 약간 검은 피부를 가진 사람을 가리키며 —— 저 사람은 바로 14대째 이 자리를 지키고 있는 왕가의 미술 감정가랍니다 —— 라고 일러 주더군요."

그는 이어,

"라빈드라나드가 어렸을 때, 그 집안은 온통 문학과 음악으로 가득했답니다" 라고 내게 말했다.

나는 타고르 시의 풍성함과 소박함을 생각하며 또 말하였다.

"당신네 나라에는 선동적 작품이나 평론도 많습니까? 우리는 그런 작품이 많아요. 특히 우리 나라에는 ——. 그래서 우리들은 차츰 창조적인 정신이 희박해지고 있는데 어찌해야 할지 모르겠어요. 만일 우리 인생이 끊임없는 투쟁이 아니라면, 우린 무엇이 아름다움이며 무엇이 선인지 모를 것이며, 또 우리는 청중도 독자도 발견할 수 없을 겁니다. 우리

정력의 5분의 4는 내 마음속에서나 다른 사람들의 마음속에서 악취미와 싸우며 낭비되고 있지요."

그는 내게 또 다음과 같이 말했다.

"네, 알 만하군요. 우리도 역시 지나치게 선동적인 글이 많아요. 마을마다 그들은 중세기의 산스크리트에서 인용한 길고 긴 신학적 산문시를 낭송하지요. 그리고 그들은 자주 사람들에게 자신의 의무를 다하라는 문구를 끼워 넣는답니다."

## 2

나는 여러 날 동안 이 번역된 원고 뭉치를 가지고 다니면서 기차 안에서도 버스에서도 혹은 식당에서도 읽었으며, 또 낯선 사람이 내가 얼마나 감동하고 있는지 눈치챌가 두려워 가끔 그 원고를 덮어 두어야 했다. 인도 친구가 내게 들려준 말에 의하면 원래의 이 서정시들은 다른 언어로 옮겨 놓을 수 없는 오묘한 빛깔과 섬세한 리듬, 또 음률적이며 창조적 재능이 넘친다고 한다. 그것은 나의 생애를 통하여 오랫 동안 꿈꾸었던 세계를 그들의 사상 속에서 보여주는 최상의 문화적 산물이면서도 그 작품은 마치 평범한 토양에서 자란 풀이나 잡초처럼 소박하게 보였다.

시와 종교가 같은 것으로 자라온 오랜 전통에 세련되었거나 다소 투박한 은유와 정서가 더해져 학자와 저명인사들의 사상을 다시금 대중에게 되돌려 주는 것이다. 만일 벵골 문명이 깨어짐없이 지속되며 일관된 정신이 모든 이들의 마음

속에 내재해 있어서 서로 알지 못하는 수많은 마음으로 나뉘지지 않는다면, 이 노래 가운데 가장 오묘한 것 중 어떤 부분들은 몇 세대를 거치며 길가의 걸인에게까지 소중하게 기억될 것이다. 영국에 있어 단 하나의 정신이었던 쵸오서(Chaucer)는 읽히기 위해 혹은 낭독을 위해〈트로일러스와 크레시다〉(Troilus and Cressida)라는 작품을 썼다. 그러나 우리 시대가 빨리 다가왔기에 그의 작품은 음유시인들에게 잠시 동안 읊어졌을 뿐이었다.

라빈드라나드 타고르는 쵸오서의 선구자들처럼 자신의 언어를 위해 만들었으므로 사람들을 언제나 그는 대단히 방대하고 즉흥적이며 또 그 정열은 때로 과감하여 경이에 넘친다고 하였다. 그것은 또한 그의 작품이 난해하다거나 부자연스럽다거나, 공박할 만한 것이 아니기 때문이기도 하다. 이러한 작품은 교만한 손길로 책장을 넘기며 뜻없이 인생을 비관하는 숙녀들의 책상 위, 작은 호화 출판물 속에 끼지는 못할지도 모른다. 혹은 인생의 활동이 시작되는 시기에 있는 대학생들에게도 한옆에 젖혀 놓는 책이 될지 모르나 세대가 지나감에 따라서 나그네는 고속도로에서, 뱃사공은 강 위에서 그 시편들을 흥얼거리게 될 것이다.

사랑하는 연인들끼리는 서로 기다리는 동안 이 시를 입 속에서 중얼거리며 그들의 정열이 젊음을 감싸 주고 새롭게 하여 주는 마력의 바다인 신의 사랑을 발견할 것이다. 순간순간 이 시인의 가슴은 위축되었거나 머뭇거림없이 독자들을 향해 열리고 시를 분출해 낸다. 시인의 가슴은 모든 독자의 마음을 품을 수 있기 때문이다.

먼지로 덮인 다갈색 옷을 입은 나그네, 또 지체 높은 애인이 엮어 준 꽃줄에서 떨어진 꽃잎을 침대 위에서 찾고 있는 소녀, 텅 빈 집안에서 주인을 기다리고 있는 하인이나 신부, 이 모든 사람들의 가슴은 신에게 귀의하는 표상들이다. 꽃과 강물, 소라나팔을 부는 소리, 7월에 억수로 쏟아지는 비, 혹은 이글거리는 무더위, 이 모든 것은 분리되고 혹은 결합되는 감정 변화의 표상이다. 중국 그림에서 보는 것 같은 신비로움이 가득한 배경에서 강물 위에 배를 띄우고 거기 류트(lute)를 키며 앉아 있는 사람은 바로 신 자신인 것이다.

우리에게 있어 헤아릴 수 없을 만큼 낯선 온 인류와 문명이 이런 표상 속에 드러나고 있다. 그러나 우리가 감동하는 것은 그 낯설음이 아니고 마치 우리가 로제티(Rossetti)의 버드나무 숲 속을 걷는 듯이, 혹은 처음으로 문학에 귀기울인 듯이, 꿈속에서 우리 자신의 음악을 듣는 듯이 우리들 스스로의 표상과 만나기 때문이다.

르네상스 이후로 유럽 성인(聖人)들의 저서는 그들의 비유나 사상적인 체계가 아무리 친근감을 갖게 한다 해도 우리들의 관심을 끌지는 못하였다.

우리는 언젠가는 이 세상을 떠나야 한다는 것을 알고 있다. 또한 우리는 괴로운 순간이나 득의만만한 순간에 스스로 포기하여 버릴 것을 생각해 보는 습관이 있다. 그러나 많은 시를 읽고, 많은 그림을 감상하고 많은 음악에 귀기울였던 우리가 육신의 울부짖음과 영혼의 울부짖음이 하나가 되어 보이는 곳에서 어찌 가혹하고 완강하게 이 세상을 저버릴 수 있단 말인가, 스위스 호수의 아름다움을 보지 않으려고 자신의 눈을 가린 성 버너드(St. Bernard)나, 묵시록의 격렬한 웅변가와 우리와의 공통점은 무엇일까. 만일 우리가 하고자만 한다면 우리는 장중함으로 가득 찬 어휘들을 이 책 속에서 찾아낼 수 있을 것이다.

"나는 떠나야겠습니다/안녕히 계십시오 형제들이여/여러분 모두에게 인사하고 나는 떠나렵니다/내 문의 열쇠를 돌려드립니다/또 내 집의 권리도 모두 포기합니다/다만 여러분의 마지막 정다운 말씀 듣고자 할 뿐 —— 오랜 동안 이웃 사촌이었으나/내가 준 것보다 받은 것이 많았습니다/이제야 날이 밝아/내 어둔 구석 비추던 등불이 꺼졌습니다/부르심이 있습니다/내 나그네길의 준비는 모두 끝났습니다."

또한 그가,

"나는 이 삶을 사랑하기에/죽음도 함께 사랑해야 할 것을 알고 있습니다"라고 외친 것은 독일의 수도사 캠피스(Kempis)나 세례요한으로부터 가장 먼 거리감을 느낄 때의 우리들 자신의 감상이다. 이 시집이 헤아리고 있는 것은 다만 이별에 대한 우리의 사상에만 국한된 것이 아니다. 우리는 우리가 신을 사랑하고 있음을 알지 못했고 또 거의 믿으려 하지도 않았다. 그러나 우리들의 생애를 되돌아볼 때 우리는 숲 속 오솔길을 헤쳐 나가는 가운데서 혹은 언덕 위 외로운 자리에서 맛보는 우리의 기쁨 속에서, 또 우리가 사랑하던 여인들에게서 무익하게도 우리가 얻으려 했던 것은 모두 은밀한 가운데 찾아오는 감미로운 정감이었다.

"나의 왕이시여/님은 초대되지 않았어도/뭇 대중 속에 끼어들고/어느새 내 마음속에도 파고들어/서둘러 지나가는 내 생애에/몇 번인가 영원이란 도장을 찍고 가십니다."
 이것은 이미 수도승이 거하는 암자의 신성함이나 천벌의 그것이 아니다. 그것은 풍진(風塵)과 햇살을 그리는 화가의 보다 강렬한 감성 속으로 상승되어 갈 뿐이다. 또한 우리는 성 프랜시스(St. Francis)나 우리의 포악한 역사 가운데 대단히 이질적으로 보이는 윌리엄 블레이크(William Blake)와 똑같은 목소리를 찾아서 가는 것이다.

## 3

 우리는 어떤 일반적인 유형에 있어서는 자신을 갖기 때문에 쓴다는 것이 기쁨을 만들어 주는 어떤 본질적인 것이 한 페이지도 없는 그런 긴 책을 쓰기도 한다. 마치 우리가 싸우고 돈을 벌고 정치하는 일로 우리의 머리 속을 가득 채우는 것처럼 말이다 —— 하나같이 우매한 짓뿐이거늘 —— 그러나 타고르는 스스로가 인도 문명 그 자체처럼 영혼을 추구하는 일에 만족하고 그 자체의 성장에 자신을 맡겼다. 그는 우리의 풍조를 따라 살아온 많은 사람들과 그의 인생을 자주 대조시키고 있다. (또는 이 세상에서 더욱 근사한 무게를 지닌 사람들과) 그리고는 언제나 그에게 있어 그 길이 최상의 것임을 확인한 듯 겸손하게 보였다.
 "집으로 돌아갈 길 바쁜 사람들이/나를 보고 웃으면 나는 부끄러워집니다/나는 거지 아이처럼 앉아/옷자락을 걷어 올려 얼굴을 가립니다/그들이 내게 무엇을 원하는가 물으면

/나는 눈을 감고 대답치 않습니다."
또 언젠가는 그의 삶이 한때 얼마나 다른 모습이었는가를 기억하며 다음과 같이 말하고 있다.

"오랜 동안 악의 싸움으로 시간을 보냈지만/지금 내 공허한 날들의 놀이친구가/기쁘게 내 마음을 잡아 줍니다/그러나 왜 터무니없는 모순이라 갑자기 불렀는지/나는 전혀 알지 못합니다."

다른 어떤 문학 작품에서도 찾기 어려운 순진무구함과 소박함으로 아이들이 새들과 나뭇잎을 사랑하는 것처럼 그는 자연을 사랑한다. 그래서 계절의 변화는 자연과 마찬가지로 그에게도 엄청난 사건이 된다. 때로 나는 그의 그러한 사상이 뱅골 문학의 영향인가, 종교의 영향인가를 생각한다. 그리고 한편으로 그의 손에 앉아 즐거워하던 새들을 기억하고 그것은 수세기를 통해 이어지는 트리스탄이나 펠라놀(Pelanore)의 공손함처럼 신비스런 유전이라는 생각에 기쁨을 느낀다.

그의 그런 특성은 아이들의 이야기를 통해서 잘 나타나고 있는데, 이것이 또한 성자(聖者)의 이야기가 아니라고는 아무도 확언할 수 없을 것이다.

"아이들은 모래로 집을 짓고/조개껍질로 놀이를 합니다/마른 잎으로는 작은 배를 만들어/생글거리며 넓고 깊은 바다에 띄웁니다/아이들은 세계의 바닷가에서 놀고 있습니다/아이들은 수영도 하지 않습니다/그물을 던질 줄도 모릅니다./진주 따는 어부는 진주를 찾아 바다 속을 누비고/상인들은 배를 타고 항해를 하지만/아이들은 작은 돌을 모아서는 또 흩으리곤 합니다/아이들은 숨겨진 보배를 찾지도 않고/그물을 던질 줄도 모릅니다."

1912년 9월
W. B. 예이츠

# 기 탄 잘 리

## 1

님은 나를 영원으로 만드시니
이는 님의 기쁨이십니다.
님은 이 여린 그릇을 거듭 비우시고
언제나 맑은 생명으로 가득 채워 주십니다.

이 작은 한 잎 갈대피리를
산으로 계곡으로 님은 지니시고
영원히 새로운 가락을 불었습니다.

불사(不死)이신 님의 손길에
나의 작은 가슴은 기쁨에 넘쳐
헤아릴 수 없는 소리로 외치옵니다

님의 무한한 선물은 내게로 오나
다만 아주 작은 내 두 손으로 받으올 뿐.
많은 세월 흘러도
님은 끊임없이 나려 주시나
아직 채우실 자리가 남아 있습니다.

## 2

님께서 내게 노래하라 하시면
자랑스러움에 내 가슴은 터질 듯,
님의 혜안을 우러러볼 때
내 두 눈엔 눈물이 고입니다.

내 생명에 깃든
거칠고 올바르지 않은 것 모두 녹아 내려
단 하나 감미로운 가락 이루고,
마치 기쁨으로 바다 건너는 새처럼
나의 경배는 큰 나래를 폅니다.

내 노래 마음에 드시리라 믿사옵니다.
다만 노래 하는 자만이
님 곁에 가까이 갈 수 있음을 믿사옵니다.

내 노래의 날개를 크게 펼치면
그 끝이 님의 발에 닿습니다
거기 닿으리라곤 꿈에도 생각지 못했건만 ──

노래의 기쁨에 취하여 나는 나를 잃고
내 주인이신 님을
감히 벗이라 부르옵니다.

## 3

어찌 노래 부르시오는지
님이여 저는 진정 모르옵니다.
조용한 놀라움 속 귀 기울일 뿐입니다.
님의 노래의 빛은 세상을 비추고
님의 노래의 생명의 입김은
하늘에서 하늘로 여울집니다.
님의 노래의 성스러운 강물은
돌바위의 장벽도 부숴 버립니다.

내 마음은 님과 더불어 노래하려 하나
끝내 소리되어 나오지 않고
말하려 해도 말은 노래되어 나오지 않아
기어이 당황하여 울어 버립니다.
아아, 님의 노래 끝없는 망(網)으로
내 마음 온통 앗아갔습니다
나의 주인이시여.

### 4

내 목숨의 목숨이여,
내 몸 언제나 청정케 하겠습니다
님의 숨결 내 온몸에 여울져 옴을 알고자 ──

언제나 모든 거짓으로부터
내 생각 지키겠습니다
내 심중에 이성의 등불 밝힌 진리가
바로 님이심을 알고자 ──

언제나
나는 모든 악을 추방하여
내 사랑의 꽃 피어 있게 하겠습니다
내 마음 깊은 곳에
님 계심을 알고자 ──

또 내 몸가짐 가운데
님의 모습 엿보이게 하겠습니다
내 행동에 힘 더해 주실 분
바로 님이심을 알고자 ──

## 5

하던 일 뒤로 미루고
잠시 님 곁에 앉아 있게 하소서.
님 뵈옵지 않고는
내 마음 편히 쉴 길 없으며
나의 일은 기댈 곳 없는 고뇌의 바다
끝없는 괴로움이 되어질 뿐 ──

오늘은
여름이 한숨과 속삭임을 동반하여
내 창가로 슬몃 다가오고
꽃이 피어 가득한 앞마당에는
꿀벌들 싱그러이 노래하고 있습니다.

아, 이젠 다만 님와 조용히 마주앉아
이 충만한 침묵의 한거(閒居) 가운데
내 생명의 헌납을 노래하겠습니다.

## 6

지금 바로
아주 작은 이 꽃을 꺾어 주소서
시들어 땅에 떨어질까 걱정되옵니다.

이 꽃 비록
님의 꽃줄에 엮어질 수 없다 해도
님의 손길에 꺾인다면 영광이오며
나 모르는 사이 날 저물어
공양의 때 놓치면 안 되옵니다.

그 빛은 엷고
향기는 짙지 못하나
이 꽃 공양에 쓰이도록
늦기 전에 꺾어 주시옵소서.

## 7

내 노래는 모든 장식 벗어 던지고
옷과 장신구도 이젠 자랑치 않습니다.
꾸밈은 우리 만남에 방해가 될 뿐.
님과 나 사이를 멀리하며
울려나는 소음은
님의 속삭임을 못 듣게 할 뿐 ──

시인으로의 나의 자만은
님 대하면 부끄러움에 스러집니다.
오, 위대한 시인이시여
님의 발치에 나는 앉아 있습니다.
내 목숨 맑고 참되어 바로 서게 하소서,
님의 노래 불어넣는 갈대피리 되게 하소서,

*8*

아이에게 왕자 옷을 입혀
보석 가득한 목걸이를 걸어 주면
놀아도 놀아도 아무 재미 없습니다.
걸음걸음 입은 옷이 걸리적거리기에
부딪히면 더럽힐까 근심되기에
세상과 멀어지고 몸놀림은 조심스럽습니다.

어머니시여,
호사스런 몸치장으로 감싸 놓아도
아무 쓸모가 없습니다.
혹시 그런 일로
이 땅의 건전한 진실에서 멀어져
모든 사람 함께 펼치는 큰 축제에
입장할 자격을 잃게 만든다면.

*9*

어리석은 자여,
자신이 자신을 업고 걸으려 하는가.
오, 걸식하는 자여,
제 문전에 서서 동냥하려는가.

무엇이든 짊어질 수 있는 그분 손에
너의 모든 짐 의탁함이 옳을 것이니
미련을 남겨 되돌아보지 말라.

네 욕망의 숨결 닿으면
등불의 빛은 바로 꺼지느니,
이는 성스럽지 못함이라
그 더러운 손의 선물은 받지 말라.
성스러운 이가 베푸는 것만을 받으면 족하리.

## 10

님의 발판은 거기에 있고
가장 가난하고 가장 비천한 파멸자가 사는 곳,
거기 님의 발길은 멈춥니다.

님 앞에 무릎 꿇으려 해도
내 예배는 그 깊은 곳에 닿지 못합니다.
가장 가난하고 가장 비천한 자들 속에 섞이어
님이 머물고 계신 저 깊은 곳까지는 ──

허영심으론 결코 가까이 가지 못할 것이옵니다.
님께서 가장 가난하고 비천한 자들에 섞이어
남루한 옷을 입고 다니시는 그 자리에는 ──
내 소견으론 전혀 알 수 없는 길
가장 가난하고 가장 비천한 사람들에 섞이어
고독한 자의 친구되려 가시는 님의 길은
내 전혀 알 수 없는 길이옵니다.

## 11

읊으며 노래하며 기도하는 것
모두 멈춤이 좋으리라.
문 닫은 사원의 쓸쓸한 어둔 구석
누가 기도드리고 있다는 것일까.
살며시 눈을 뜨고 보아라
신(神)은 눈앞에 없으리니,

신이 있는 곳은
농부가 굳은 땅을 갈고 있는 곳,
길가의 일꾼들이 돌을 깨고 있는 곳.
맑은 날에나 비오는 날에나
신은 그들 옆에 같이하여
입은 옷은 흙먼지에 덮여 있으니
너도 그 법의를 벗어 버리고
님처럼 먼지 이는 땅으로 내려오라!

해탈이라고?
해탈이 어디에 있다는 것인가?
신은 스스로 세상의 속박을 기꺼이 받으시고
우리와 영원히 인연 지으셨거늘 ──

그대여, 명상에서 나오라.
꽃도 향기도 버림이 좋으리라.
옷이 찢기고 더럽혀져도
신 가까이에서 땀 흘리며 고생하며
신께 귀의함이 옳으리라.

## 12

내 나그네 길은 멀고도 멉니다.
아침 첫 햇살이 빛나는 수레 타고 나가
갖가지 세파를 넘어 먼길을 가며
수많은 별엔 발자국 남기며 왔습니다.
님 가까이 가는 길은 가장 멀고
무(無)에 이르는 수행은 가장 오묘하옵니다.

나그네가 제집에 이르기 전에
낯선 집 문전을 일일이 찾으며
마지막 가장 깊은 신전에 이르기까진
온 세상을 방황해야 합니다.

내 눈이 멀리 헤매어 다닌 후
마침내 나는 눈을 감고 말합니다.
"여기 님이 계시옵니다"라고.
"아아, 어디에"란 물음의 소리침은
철철 솟는 눈물로 녹아 내려
"내가 있음"이란 확신의 밀물로
이 세상을 넘치게 합니다.

## 13

끝내 부르려던 내 노래는
이제도 다 부르지 못했습니다.
나는 가야고에 줄을 당겼다가는 풀고
당겼다가는 풀며 날을 보냈습니다.

가락은 서로 맞지 않고
말씀도 제대로 나열치 못했습니다.
내 심중의 것은 욕망의 괴로움일 뿐.
꽃은 피지 않고
그 곁에 바람은 한숨지을 뿐이듯이 ──

아직은 님의 모습 보지 못하고
님의 음성 듣지 못했습니다.
다만 내 집 문전을 지나시는
님의 조용한 발자국 소리 들을 뿐입니다.

님이 앉으실 깔개를 펴는 동안
내 삶의 많은 날이 지나갔습니다만
아직 불밝힐 초롱도 준비 없어
들어오시란 말씀 드리지 못하였기에
님 뵈올 일 바라며 살아가건만
나는 아직 뵙지를 못하였습니다.

## 14

내 욕망은 산더미 같고
내 울음소리는 처절했으나
님은 언제나 무정한 거절로 날 구원하셨으니
이 엄하고 엄한 님의 자비는
내 온 생명 속에 깊이 스몄습니다.

내 미처 부탁드리지 못하여도
님은 언제나 깨끗하고 큰 선물을 보내십니다.
이 하늘과 빛
이 육신과 생명과 마음을 ──
또 나로 하여금
이 귀한 선물 받을 자격을 갖게 하십니다
이처럼 과욕의 위험에서 나를 구원하시며.

내가 쓸쓸히 서성일 때도
눈을 떠 목적지를 향해 서두를 때도
님은 언제나 냉정하게 모습을 감추십니다.

님은 매일같이 나를 거절함으로
나로 하여금 님을 더욱 온전히 알게 하십니다
두렵고 불안한 욕망에서 나를 보호하시며.

## 15

님을 찬송하고자 내 여기 있습니다
님 계시는 곳 한쪽 구석에 앉아 ──
님 안에서 내 할 일은 없습니다.
이 쓸모없는 목숨은
하염없는 노래되어 흘러 내릴 뿐 ──

한밤중 어두운 법당에서
님의 침묵의 예배를 알리는 종소리 울릴 때
님 앞에 나를 세워 노래하라 하오소서
오, 나의 주인이시여.
아침 하늘에
황금의 가얏고 은은히 울릴 때
부디 님 곁에 나를 있게 하소서.

## 16

이 세상 축제에 초대되어 왔습니다.
이처럼 내 삶은 축복받았습니다.
내 눈은 이 세상의 것을 보았고
내 귀는 이 세상의 소리를 들었습니다.
이 축제에서 나의 소임은
가야금을 타는 일
나는 힘껏 가락을 탔습니다.

이제
님 계신 곳 내가 찾아 뵈옵고
내 침묵의 인사 드려야 할 때가
마침내 온 것이 아니오니까.

## 17

나는 다만 님의 손길에
이 한몸 의탁할 사랑 기다리고 있었기에,
때문에 이처럼 너무 늦었고
이처럼 태만히 죄를 범했습니다.

사람들은 그들의 규칙이나 법을 적응시켜
밧줄로 재빠르게 나를 묶으려 하나
나는 언제고 그것을 피하여 달아납니다.
이몸 끝내 님의 손길에 의탁하고자
다만 사랑 베푸심을 기다릴 뿐입니다.

사람들은 나를 욕하고 경솔하다 하오나
그들의 욕은 당연한 것이옵니다.
장은 파하고
분주한 일도 끝났습니다.
나를 찾으러 왔다 헛걸음친 자들은
화내며 되돌아갔습니다.
이몸 끝내 님의 손길에 의탁하고자
다만 사랑 베푸심을 기다릴 뿐입니다.

## 18

구름 위에 구름이 겹치어
지금은 어둡습니다.
오오, 사랑하는 분이시여
어찌 나를 홀로 문밖에 기다리게 하시옵니까?

일이 바쁜 한낮에는
나 군중의 무리 속에 있으나
이 어둡고 쓸쓸한 날에
내 기다림은 다만 님이실 뿐입니다.

만일 님의 얼굴 보이지 않는다면
만일 님께서 전혀 나를 모른척하신다면
이 길고 긴 장마철을
어찌 견디어야 할지 모르옵니다.

먼 하늘의 어둠 바라보며
내 마음은 찾을 길 없는 바람과
더불어 울부짖으며 방황합니다.

## 19

만일 님께서 아무 말씀도 하지 않으시면
나는
님의 그 침묵으로 내 가슴을 채워 이를 견디며 살아갈 것입니다.
나는 별이 온통 빛나는 밤처럼
참을성있게 깊이 머리 숙여
조용히 기다릴 것입니다.

어둠이 사라지고 분명 아침이 밝아 오면
님의 음성 넓은 하늘 헤치고
황금의 강물 위로 쏟아져 내립니다

때에 님의 말씀은
내 새둥지의 하나 하나에서
노래가 되어 날아오를 것이며
님의 음률은 내 숲의 나뭇 가지마다에
꽃으로 피어날 것입니다.

## 20

연꽃이 핀 바로 그날
아아, 내 마음은 방황하고 있어
이를 알지 못하였습니다.
내 바구니는 텅 빈채
꽃을 보지도 못하였습니다.

때로 슬픔이 내게로 밀려오면
나는 꿈에서 놀라 깨어
야릇한 향기의 하늬바람 속
감미로운 흔적을 느꼈습니다.

그 아련한 감미로움에
내 가슴은 그리움으로 설레이고
한여름의 격렬한 숨결은
그 절정에 이르려 하였습니다.

그 꽃이 이처럼 가까이 있으며
내 자신의 것이며
이 온전한 감미로움이
내 마음속 깊이 피어나고 있음을
나는 정녕 알지 못했습니다.

## 21

나는 나의 배를 저어 나가야겠습니다.
아아, 기슭에서 고달픈 시간은 헛되이 흘러갑니다
나를 위하여 ──

봄은 꽃을 피게 하고 또 사라져 갑니다.
지금 나는 빛바랜 꽃을 등에 메고
다시 기다리며 방황하고 있습니다.

물결이 소리 높이 일고
뚝 위 그늘진 오솔길에는
마른 나뭇잎이 팔랑이며 떨어집니다.

어느 허공을 그대는 바라보고 있는가.
저편 기슭에서 아득한 노래 흘러와
바람 속을 지나가는 전율을 그대는 아는가?

## 22

장마비 내리는
7월의 깊은 그늘 속을
님께선 비밀스런 발걸음으로
사람들을 피하여 어둔 밤처럼
살며시 걷고 계십니다.

마파람 높이 소리 쳐도 못 들은 채
오늘, 아침은 눈을 감고,
항시 깨어 있는 푸른 하늘 위에는
두터운 베일이 덮여 있습니다.

숲 언저리엔 노랫 소리도 들리지 않고
모든 집들의 문은 닫혔습니다.
님은 인적 없는 한길에 홀로 가는 나그네입니다.
오, 나의 가장 사랑하는 분,
나의 단 한 분이신 친구시여
내 집의 문은 열려 있사오니
꿈처럼 그냥 지나치지는 마시옵소서.

## 23

나의 친구시여,
이 폭풍 몰아치는 밤
님은 사랑의 나그네길로 떠나십니까?
하늘은 절망한 자와 같이 신음하고 있습니다.

나의 친구시여.
이밤, 나는 잠들 수 없어
쉬임없이 문을 열고 어둠 속을 살핍니다.
눈앞에는 아무것도 보이지 않고
님은 어느 길을 지나고 계시온지……

나의 친구시여
어느 먹빛 강 어두운 기슭
어느 험준한 숲 먼 끝 언저리
어느 암흑 속, 길 모를 깊은 곳 지나
님은 내게로 오고 계십니까.

## 24

날은 저물어 새소리 멈추고
바람도 지쳐 사위어 갈 때,
깊은 어둠의 베일로 나를 감싸 주소서 ──
마치 님께서 폭신한 잠의 이불로
대지를 감싸 주신 듯이, 혹은
저녁에 연꽃잎을 부드럽게 닫아 주시듯이.

나그네가 그 여로도 끝나기 전에
쌀자루는 모두 비고 옷은 찢어져
흙먼지에 덮이어 기진하였습니다.
이 나그네 치욕과 빈곤에서 구원하여 주시고
님의 포근한 밤으로 감싸 주신 꽃처럼
나그네의 생명 또한 새롭게 하소서.

## 25

권태로운 밤에는
모든 것 님께 의탁하옵고
거스리지 않고 잠들게 하소서.

님께 드릴 예배 위해 내 쇠잔한 영혼을
초라한 준비로 재촉하지 마소서.

님께서는
한나절 피로한 눈에
밤의 베일 덮어 주시고
다시 눈 떴을 때
더욱 신선한 기쁨으로 볼 수 있게 하심도
바로 님 이십니다.

## 26

님은 오시어 내 곁에 앉아 계셨으나
내 영혼의 눈 뜨지 못했습니다.
이는 얼마나 원망스런 잠이었는지
오, 가련한 자신이여.

밤 깊어 고요함 속에 님은 오시어
가야금을 손에 들어 켜시니
내 꿈은 그 가락에 메아리쳤습니다.

아아,
나의 밤은 어찌 이토록 모두 잃었을까?
아아, 님의 숨결 내 잠에 와 닿아도
어찌 이제껏 그 님을 뵈올 수 없었을까?

**27**

빛이여, 오 빛은 어디 있는가.
욕망의 불타는 빛으로 불 붙이리라.
초롱은 있어도 불꽃 타오르지 않음은
이는 너의 운명인가, 내 마음이여.
아아, 그렇다면 네겐 죽음이 훨씬 나으리라.

고통이 네 문을 두드리고 전하는 말은
그대 주인께선 온 밤을 뜬 눈으로
정적의 밤 어둠을 타고
사랑의 밀회 위하여
그대를 애타게 부르고 있음이라 ──

하늘엔 가득히 구름이 덮이고
비는 그칠 줄 모릅니다.
나를 휘젓고 있는 것은 무엇이며
또 무슨 뜻인지 나는 모릅니다.

번갯불이 번쩍인 한순간 뒤엔
내 눈앞은 더욱 어두워지고
밤의 음악이 어디서 날 부르는지
그 오솔길을 찾아
내 마음은 헤매입니다.

빛이여, 오 빛은 어디에 있는가!
욕망의 타는 빛으로 불 붙이어라.
천둥은 무섭게 치고
바람이 허공을 가르며 소리 치고 간다.
밤은 검은 바위처럼 캄캄하다.
어둠 속에 헛되이 때를 보내지 말라
네 생명으로 사랑의 등불을 밝히어라.

## 28

내게 씌운 멍에는 억세나
이를 끊으려 할 때 마음은 아프옵니다.
자유, 이는 내가 바라는 모든 것이나
이를 원함은 부끄러운 일입니다.

님에게는
헤아릴 수 없는 보배가 가득하고
님은 내 가까운 친구임을 나는 믿지만
내 방에 가득한
허울 좋은 값싼 물건들을
모두 쓸어 낼 생각은 없습니다.

내가 걸친 홑옷은 먼지와 죽음의 베옷입니다.
나는 이를 저주하나 끝내 사랑으로 고집합니다.

내가 걸머진 빚은 많고, 실패는 커서
부끄러움은 깊고 크오나
스스로의 선(善)을 찾아갈 때
내 기도 용납되지 못할까 두려워 떱니다.

## 29

내 이름으로 갇혀져 있는 그분은
이 토굴 속에서 울고 있습니다.
나는 그 토굴 주위에
담을 둘러쌓기에 바쁘옵니다.
하늘 향하여
이 담이 매일 매일 높아짐에 따라
그 어둔 그림자 속에서 나는
내 진실의 모습을 잃어버립니다.

나는 이 높은 담을 자랑하고
내 명예 걸어 먼지와 모래로 벽을 바르고
어떤 작은 틈도 없게 하렵니다.
이 부질없는 일에만 마음 쏠려
나는 참된 자아를 상실합니다.

### 30

밀회를 위하여 나는 홀로 떠났으나
이 침묵의 어둠 속에서
내 뒤를 따라오는 이 누구일까?
그를 피하려 비켜서건만
결코 피할 수는 없습니다.
그는 뽐내고 걸어 흙먼지를 일으키고
나의 말에 일일이 큰소리로 참견합니다.

나의 주인이시여,
그는 바로 나 자신의 소아(小我)이며
파렴치한입니다.
나는 그와 함께
님의 문전에 다다름을 부끄러워합니다.

## 31

"죄인이여, 말하라.
그대를 속박한 자 누구인가를 ──"
"나의 주인이십니다.
나는 부귀와 권력에 있어
이 세상 누구보다도 뛰어날 것이라 여겨
임금께 바칠 헌금도
내 보고(寶庫)에 고이 간직해 두었습니다.
졸음의 나래가 나를 감싸올 때
나는 님을 위해 마련한 잠자리에 누웠습니다.
그러나 잠 깨어 눈 떴을 때
나는 내 보고 속의 죄수이었습니다."

"죄인이여 내게 말하라
이 끊기지 않는 쇠사슬을 누가 만들었는가를 ──?"

"이는 바로 나입니다.
이 쇠사슬을 공들여 만들었습니다.
누구에게도 꺾이지 않는 내 힘으로
세상을 노예로 만들고
나만은 내 맘대로 하리라 믿었습니다.
밤이고 낮이고 온통 불을 피워
거리낌없이 쇠를 달궈 사슬을 만들었습니다.
마침내 모든 쇠사슬이 단단히 이어졌을 때
그 쇠사슬에 묶여 있음은 바로 나였습니다."

## 32

이 세상에서 나를 사랑하는 사람들은
온갖 이유로 나를 묶어 두려 하지만
그들 사랑보다 더욱 큰 님의 사랑은
결코 그것과는 다릅니다.
님은 진정 자유롭게 나를 놓아 두십니다.

그들은 내가 그네들을 잊을까 두려워
나를 홀로 놓아 두지 않사오나
님은 오랜 세월이 흘러가도
그 모습을 내 앞에 보이시지 않습니다.

내 기도 속의 님의 이름 부르지 않아도
내 마음속에 님을 기억하지 않아도
내게 대한 님의 사랑은
언제나 나의 사랑을 기다리고 계십니다.

## 33

그것은 낮이었습니다
사내들이 내 집에 찾아와 말한 것은 ──
"우리는 이곳에서
가장 작은 방을 빌림으로 족합니다"라고.

"우린 당신이 신께 올리는 예배를 돕고
그 은혜 조금만 나눠 주시면 고마울 뿐입니다."
그들은 한켠 구석에 자리하고.
조용하고 온순하게 앉아 있었습니다.

그러나 밤의 어둠 속에서
그들은 난폭하게 내 신성한 신전에 침입하여
제단의 제물들을 강탈해 갔습니다.

## 34

나의 것을 조금만 남겨 주시오
님은 나의 모든 것이라 말할 수 있도록 ──
내 뜻을 조금만 남겨 주시오
어느 곳을 보아도 님을 느끼고
어떤 것에서도 님께 가까이 이르고
어느 때이고 나의 사랑을
모두 님께 바칠 수 있게 하여 주시오.

내 스스로를 조금만 남겨 주시오
그것으로 님을 가리게는 않겠습니다.

나의 사슬도 조금만 남겨 주시오
이로 인하여 나는 님의 의지에 묶이어
님의 뜻이 내 생명 가운데 실현되도록 ──
그것이 바로 님의 사랑의 형틀입니다.

## 35

마음에 두려움 없어
머리를 높이 치켜들 수 있는 곳
지식이 자유로울 수 있는 곳
작은 칸으로 세계가 나누어지지 않은 곳
말씀이 진리의 속 깊은 곳에서 나오는 곳
피곤을 모르는 노력이 완성을 향하여 팔 뻗는 곳
이성의 맑은 흐름이
무의미한 관습의 메마른 사막에 꺼져들지 않는 곳,
님의 인도로 마음과 생각과 행위가 더욱 발전하는 곳,
그런 자유의 천국으로
나의 조국이 눈 뜨게 하소서, 나의 님이시여.

## 36

오오, 나의 님이시여,
이는 님께 드리는 나의 기구입니다.
내 마음속 궁핍한 뿌리를 살펴 주시옵소서.

나의 기쁨도 슬픔도
견딜 수 있는 힘을 내게 주소서.
내 사랑의 봉사로.
풍요로이 열매 맺을 힘을 주소서.

결코 가난한 자를 거부하거나
오만한 권력 앞에 무릎 꿇지 않는
그런 힘을 주소서.
일상의 덧없는 영위에 내 마음 상하지 않게 하소서.
또 사랑하는 님의 의지에
복종할 수 있는 힘을 내게 주소서.

## 37

내 능력의 한계 있어
나그네길은 이제 끝이라 여겼습니다.
가는 곳마다 길 막히고 음식은 떨어져
남이 알 수 없는 조용한 곳에
이몸 숨길 때가 왔나봅니다.

그러나 님의 뜻은
내 종말 수락하지 않으셨으며
옛 말씀 혀끝에서 사라져 갈 때,
새로운 음률, 마음속에 우러났습니다.
또 옛 길 아득히 멀어져 갔을 때
새로운 나라 놀라운 모습으로 나타났습니다.

## 38

내 구하옴은 님이실 뿐
오직 님이실 뿐
이처럼 마음은 되풀이 소망이고 싶을 뿐,
주야로 내 마음 뒤흔드는 모든 욕망은
진정 어느 것이나 거짓일 뿐입니다.

밤이 빛을 희구하는 바람을 어둠 속에 감추고 있듯
내 의식의 깊은 곳에서 외치는 소리 들립니다.
내 구하옴은 님이실 뿐
오직 님이실 뿐이라고 ──

폭풍이
있는 힘 다하여 적막에 도전해도
그 종말엔 적막함을 희구하듯
나의 반란도 님의 사랑에 도전하나
그 외치는 소리는 다만 ──
"내 구하옴은 님이실 뿐,
오직 님이실 뿐 ──"

## 39

이 마음 메말랐을 때
자비의 비 내리게 하소서.
이 생명 우아함을 잃었을 때
노랫 소리 높이 울리며 오소서.

어지러운 일 사방에 분주하여
나를 묶어 놓았을 때
평화와 휴식을 동반하고 오소서
내 침묵의 주인이시여.

나의 구걸하는 마음
한구석에 웅크릴 때
문 열고 제왕의 위엄으로 오소서
나의 왕이시여.

이 마음 욕망에 뒤쫓기어
환상과 먼지로 장님이 될 때,
빛과 천둥을 동반하고 오소서
나의 성스러운 분이시여
언제나 눈 뜨고 계신 이시여.

**40**

나의 님이시여,
메마른 내 어린 가슴에
긴 날 비는 내리지 않고
수평선은 거의 맨살을 드러내 보입니다.
물기 어린 구름의 그림자도 없고
어딘가 먼 곳에
소나기 쏟아지는 기척도 없습니다.

또 만일 님의 뜻이오면
죽음의 캄캄하고 성난 폭풍우 보내시고
번갯불 비추어 하늘 구석구석까지
온통 놀라게 하옵소서.

그러 하오나
이 충만한 열기 되돌려 주소서.
무서운 절망으로 이 가슴 태우는
침묵의 날카롭고 냉혹한 열기를 ──
자비의 구름을 내려 주옵소서
아버지께서 노하시던 날
어머니는 눈물 어린 눈으로 바라다보셨듯이

## 41

내 그리는 님이시며,
님은 지금
어느 그늘진 곳에 숨어 계십니까.
사람들은 님을 밀어제치고
먼지 쌓인 길을 모른체 지나칩니다.

님께 올린 제물을 받쳐들고
피곤이 오래 쌓인 동안에도
여기 님 오심을 기다립니다.
지나는 길손들이 내 꽃 하나씩을 따감에
내 꽃바구니는 끝내 텅 비고 맙니다.

아침이 지나고 대낮이 되고
다시 저녁의 그늘 속에서
내 두 눈은 잠으로 가득합니다.
집으로 돌아갈 길 바쁜 사람들이
나를 보고 웃으면 나는 부끄러워집니다.
나는 거지 아이처럼 앉아

옷자락을 걷어 올려 얼굴 가립니다.
그들이 내게 무엇을 원하는가 물으면
나는 눈 감고 대답치 않습니다.

오, 내 기다림의 님이시여
언젠가 꼭 오신다는 님의 약속을
어찌 그들에게 말할 수 있으리까.
이 가난함이 바로 혼수 준비인 것을
부끄러워 어찌 말할 수 있으리까.
아아, 이 자랑스러움은
다만 내 가슴 속 비밀로 간직할 뿐.

나는 풀밭에 앉아 하늘을 우러르며
갑자기 님의 모습 보이실 때의
눈부신 광경을 꿈꿉니다.
온갖 광채로 빛을 뿜으며
님의 마차는 황금의 기를 펄럭입니다.
길가에 늘어선 사람들은

님께서 일어서 내려오시어
먼지 속의 나를 안아 일으키심에
사람들은 깜짝 놀라 엉거주춤합니다.
여름 바람에 나부끼는 덩굴처럼
부끄러움과 자랑스러움에 떠는
이 누더기를 걸친 거지 아이는
님의 옆자리에 앉혀집니다.

시간은 지나가고 있으나
님의 수레바퀴 소리는 아직 들리지 않고
수많은 행차가 수선스럽게
또 호사롭고 영광되게 지나칩니다
님께서 다만 조용히
그들의 뒤 그늘에 숨어 계시옵니까.
나만이 헛된 바램 속에
울며 가슴 조이며 기다려야 하옵니까.

## 42

이른 아침에 속삭이는 소리
님과 단둘이 작은 배 타고 떠나가자고,
정처없고 끝없는 둘만의 순례를 누가 알까

기슭도 안 보이는 먼 바다 한가운데서
님은 조용히 미소지으며 귀 기울이시면
나의 노래는 물결처럼 자유로이
말의 속박에서 모두 떠나
풍요로운 선율로 높이 울려날 겁니다.

때는 아직 오지 않았는지요
할일은 아직 남아 있으신지요?
어느새 저녁이 물기슭에 그 막을 내리고
흐려져 가는 석양빛을 받아 안고
물새들은 잠자리로 서둘러 갑니다.

언제 이 사슬 풀리어
낙조의 마지막 한줄기 빛처럼
이 작은 배
밤의 어둠 속으로 스러져 가겠습니까.

## 43

그날은
님 맞을 준비가 없었습니다.
나의 왕이시여,
님은 초대되지 않았어도
뭇 대중 속에 끼어들고
어느새 내 마음속에도 파고들어
서둘러 지나가는 내 생애에
몇 번 인가 영원이란 도장을 찍고 가십니다.

오늘 뜻밖에 님의 서명을 보았습니다.
흙먼지 속에 산산이 흩어져
잊고 있던 내 하찮은 세월의
기쁨과 슬픔의 추억에 묶여 있었습니다.

흙먼지투성이가 되어 버린
나의 유치한 장난을 보시고도
님은 이를 경멸도, 떠나시지도 않았습니다.
내 놀이방에서 들은 발자국 소리는
별에서 별로 메아리지는
그 발자국 소리와 같았습니다.

## 44

길가에는 그림자가 빛의 뒤를 따르고
여름이 가면 비가 내립니다.
거기 선 채로 기다리며 지켜봄은
나의 큰 즐거움입니다.
사자(使者)들이 미지의 천계에서 소식 전하며
내게 인사하고 길을 재촉합니다.
내 마음은 기쁨에 여울지고
산들바람 불어 싱그럽습니다.

아침 일찍부터 저녁 늦게까지
나는 문 앞에 앉아 있습니다.
갑자기 행복의 순간이 찾아와
만날 수 있으리라 믿사옵니다.

그때까지는
홀로 미소지으며 노래 부를 겁니다.
그때 까지는
약속의 향기가 하늘 가득할 겁니다.

## 45

님의 조용한 발자국 소리 듣지 못했습니까.

오소서, 어느 때고 오시옵소서.
어느 순간이고 어느 시대이고
밤낮으로 오소서
오소서 어느 때고 오시옵소서.

나는 갖가지 기분으로
갖가지 노래를 불렀으나
그 노래의 음률은 언제나 이처럼 울렸습니다.

향기로운 4월 맑은 날에
숲 속 오솔길로 오소서
오소서 어느 때고 오시옵소서.
비내리는 7월 저녁 깃든 어둠 속
번갯불 번쩍이는 구름마차를 타고
오소서, 어느 때고 오시옵소서.

슬픔이 연이어 올 때
내 가슴에 밀려옴은 님의 발자국 소리,
내 기쁨의 설레임도
님의 발, 황금의 감촉 있음에 ──

## 46

님께선 그 옛날 언제부터 내게 오셨는지
나는 알 길이 없습니다.
님의 태양과 별은 언제까지나
내 눈으로 님 뵙는 것을 막지 못할 겁니다.

아침으로 저녁으로
님의 발자국 소리가 들려 옵니다.
님의 사자(死者)는 내 마음속 깊이 찾아와
조용히 나를 부릅니다.

오늘, 내 생명 몹시 술렁이어
떨리는 기쁨이 내 마음속을 질주합니다.
이제는 모든 일을 마무리질 때
님의 향기 은은하게 풍겨 오는 듯 ──

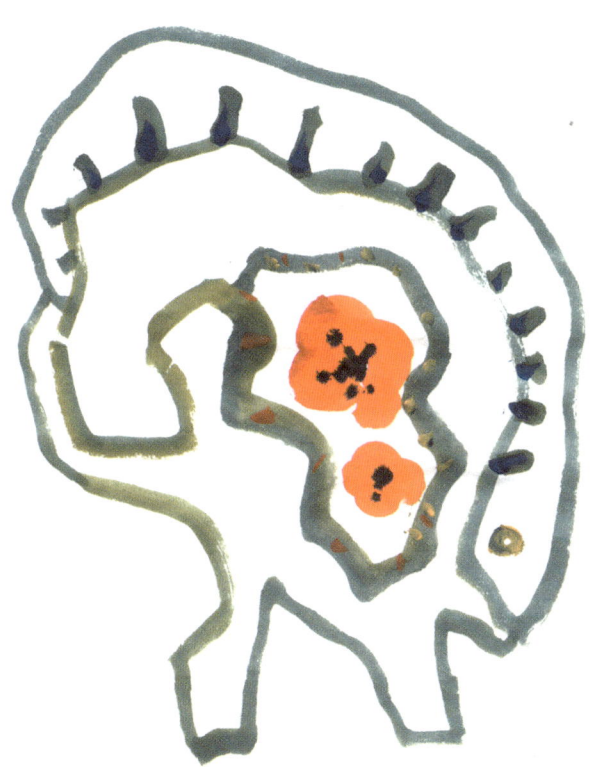

## 47

헛되이 님 기다리며
밤을 거의 지새웠습니다.
아침되어 지쳐 잠들었을 때
님께서 혹시나
내 문전에 오실지도 몰라 걱정스러울 뿐
오, 친구여 님의 길을 막지 말아요

님의 발자국 소리 들리어도
내 행여 눈 뜨지 못하면
부디 깨우지 마옵소서.
새들의 요란한 합창이나
아침 햇살의 제전, 몰아치는 바람 소리로는
눈 뜨고 싶지 않기에
설사 님께서 돌연 내 집 문전에 오신다 해도
나를 그대로 잠자게 하소서.

아아, 나의 잠이여 소중한 잠이여,
이 잠도 님의 손길 닿으면 바로 스러질 것을 ──
아아, 내 감은 눈은
님의 미소의 빛 없으면 열릴 길 없고
잠의 어둠 속에 보이는 꿈처럼
님께서 내 앞에 선명하게 서 계실 때.

모든 빛, 모든 형상보다도 먼저
님이여 내 앞에 나타나 주소서
내 영혼 눈뜰 때 님의 모습 뵈옵고
최초의 기쁨에 감동케 하시고
내 자신에게로 되돌아감이
바로 님께 되돌아감이 되게 하소서.

## 48

고요의 아침 바다는 부서져
새들의 지저귐의 잔물결이 되고
길가의 꽃들은 모두 즐겁습니다.
또 구름 사이
황금의 보배가 쏟아져 내렸어도
우리는 스스로 갈 길 분주하여
아무것도 눈여겨 보지 않았습니다.

우리는 즐거운 노래도 부르지 않았고
한가로이 놀지도 않았습니다.
우리는 마을로 나가
물건을 사고 팔지도 않았습니다.
우리는 한마디 말도 하지 않았고
단 한 번 웃지도 않았습니다.
한가로이 한눈 팔 여유도 없이
우리는 시간이 지남에 따라
더욱더 발걸음을 재촉했습니다.

태양은 중천에 솟아오르고
비둘기는 그늘에서 울었습니다.
목동은 보리수 그늘에서 졸다 꿈꾸었습니다.
나는 물가에 앉아 풀밭 위에
내 피곤한 다리를 쉬게 했습니다.
내 친구들은 나를 비웃었습니다.
그들은 고개를 치켜들고 서둘러 갔습니다.
결코 뒤돌아보지 않고 쉬지도 않으며
멀리 푸른 안개 속으로 사라져 갔습니다.
그들은 여러 초원과 언덕을 넘어
머나먼 나라들을 지나쳐 갔습니다.
이 끝없는 행로의 영웅적 용사들이여
모든 영광은 그대들의 것이다.
조롱과 책망은 날 일으켜 세우려 했어도
내게선 아무런 반응도 뵈지 않았습니다.
나는 한 희미한 희열의 그늘 속에서
마음 편한 굴욕의 밑바닥에

온통 내 자신을 빠져가게 했습니다.

태양을 수놓은 초록빛 어둠의 안식이
내 가슴 위로 서서히 퍼져옵니다.
나는 내 여정의 목적도 잊어버리고
내 마음 아무런 저항도 없이
그늘과 노래의 미궁 속에 빠졌습니다.

끝내 내 단잠에서 깨어 눈 떴을 때
미소로 내 단잠을 넘치게 하신
바로 그 님이 내 곁에 서 계심을 보았습니다.
그 길 멀고도 험하고 지리하여
님께 이르는 고초의 힘겨움이
얼마나 몹시 두려웠는지
나는 정녕 몰랐습니다.

## 49

님께선 왕좌에서 내려오시어
내 초라한 오두막집 문전에 서 계셨습니다
나는 한구석에서 홀로 노래했습니다.
그 곡조 님의 귀에 이르러
님은 내려오시어
내 초라한 오두막집 문전에 서 계셨습니다

님의 대청에는 많은 어른들이 계시어
거긴 언제나 노랫 소리가 울려났으나
이 풋나기의 소박한 찬가는
님의 사랑을 감동케 했습니다.
이 보잘것없이 애처로운 한가닥 선율이
이 세상의 위대한 음악과 섞이고
님은 상(賞)으로 한 송이의 꽃을 갖고 오시어
내 초라한 오두막집 문전에 서셨습니다.

## 50

나는 집집마다 구걸하며 가난한 마을 길을 걸었습니다
때마침 님의 황금마차가
황홀한 꿈처럼
멀리 그 눈부신 모습을 보였습니다.
왕 중의 왕은 누구실까 다시 생각했습니다.

내 희망은 높이 솟구치고
이제 내 저주롭던 세월은 끝난 듯 생각되어
구걸치 않아도 베풀어 주실 것을 믿었고
흙먼지 속엔 온통 뿌려질 보배를 기대하며
나는 서 있었습니다.

마차는 내 곁에 와 멈추고
님은 나를 바라보고 웃으며 내려오십니다.
내 생애의 행복이 마침내 찾아온 듯하였습니다.
그때, 님은 갑자기 오른손 내미시며
"내게 무엇을 주려 하는가?" 말씀하셨습니다.

거지에게 손 내밀어 구걸하실 줄이야
너무나 심한 장난이 아니셨는지 ──
나는 당황하고 어찌할 바 몰랐으나
때묻은 바랑 속에서 작은 밀 한 톨 거내어
님께 바쳤습니다.

그러나 날 저물어
바랑 속의 것 모두 바닥에 쏟아
거기 초라한 시주 물건들 속에서
아주 작은 금구슬 한 알을 발견했을 때
나의 놀라움은 얼마나 컸는지
나는 끝내 소리내어 울었습니다.
내 가진 것 남김없이
님에 모두 드리지 못했음이
내게는 몹시 안타까왔습니다.

## 51

밤이 되어 날은 어두워지고
하루의 일은 끝났습니다.
마지막 밤손님도 이미 도착하여
마을 집들은 문을 닫았습니다.
다만 누군가가 말했습니다
"우리의 왕이 오실 것이다"
"그럴 리 없다"며 모두 웃었습니다.

누군가 문을 두드리는 듯도 했으나
우린 다만 바람일 뿐이라고 말했습니다.
등불을 끄고 잠자리에 누웠을 때
다만 누군가가 말했습니다
"저것은 전령의 소리"라고
"그럴 리 없지 그건 바람 소리일 뿐"
우리는 웃어 넘겨 버렸습니다.

한밤중에 무슨 소리가 들렸습니다.
잠결에 그것은 먼 곳의 천둥 소리거니 여겼습니다.
땅이 떨리고, 벽이 흔들려
우린 잠잘 수가 없었습니다.
다만 누군가가 말했습니다.
"그건 차바퀴 소리"라고.
"아니, 그건 천둥 소리"
우린 볼멘소리로 중얼거렸습니다.

북소리가 울렸을 때 밤은 아직 어두웠고
"일어나라 지체치 말고." 누군가 소리쳤습니다.
우린 다만 두려움에
두 손으로 가슴 싸안고 떨었습니다.
"오, 보라. 저것은 왕의 깃발이다."
누군가 또 소리 쳤습니다.

"이제 더 머뭇거릴 수는 없다"고
우리는 뛰어 일어나며 소리쳤습니다.

왕은 오셨다는데
등불은 어디에 있고
꽃다발은 어디에 있는가.
왕좌는 또 어디에 있는가
오, 진정 부끄러워라.
어디에 뫼실 대청이 있으며
장식품들은 어디에 있단 말인가.
누군가 말했습니다.
"울어도 소용없는 것,
다만 빈손으로 맞이하여
텅 빈 방에 모실 수밖에 ──"

문을 열고 큰 소라나팔을 불라
한밤중에
우울하고 어두운 우리 집에 왕이 오셨다.
천둥은 하늘을 뒤흔들고
어둠은 번갯불에 떨고 있다.
너의 다 해진 자리라도 앞마당에 펴라.
폭풍과 더불어
우리의 두려운 밤의 제왕이 오셨나니.

## 52

님의 목에 두른 장미꽃 목걸이를 탐내어
내게 주시라 부탁하고 싶었으나
입 밖에 내지는 못했습니다.
아침을 기다려 님께서 떠나실 때,
님 주무시던 침상 위엔
꽃잎 몇 장 떨어져 있으리라 여겼습니다.
새벽이 동터 오자 나는 적선 구하듯
한두 잎 떨어졌을 꽃잎을 찾아보았습니다.

아아, 내가 찾는 것은 무엇이며
님께서 두고 가신 사랑의 정표는 무엇입니까.
꽃도 아니고 향도 아니고
향유가 담긴 병도 아닙니다.
그것은 불꽃처럼 번뜩이고
우뢰처럼 섬뜩한
님의 커다란 칼이었습니다.

싱그러운 아침 햇살이 창문으로 비쳐들어
님께서 쉬고 가신 침상 위에 쏟아집니다.
아침의 새들이 지저귀며 묻기를
"여인이여, 무엇을 얻으셨나요"
그러나 꽃도 아니고 향도 아니고
향유 담긴 병도 아닌
그것은 무서운 칼이었습니다.

님의 이 선물은 과연 무엇인지
나는 놀라움에 주저앉아 생각했습니다.
그것을 감출 자리를 찾지 못합니다.
허약한 나는 스스로 부끄러워
어찌 그 칼을 몸에 지닐 수 있겠습니까.
그 칼 가슴에 안으면 상처 입을 것을 나는 압니다.
그러나 내 가슴에 품을 수밖에
이 무거운 짐의 고통의 멍에를
님의 이 선물을 ──

내게는 이제부터
이 세상의 두려움이란 없습니다.
님은 모든 내 고통의 승자가 될 것이기에 ──
님은 내 반려로서 죽음을 남기고 떠나셨고
내 생명의 왕관으로 죽음을 장식하렵니다.
내 멍에를 끊기 위하여
님의 칼을 내 몸에 지니고 있으니
이제 더 무엇이 두렵겠습니까.

이제 쓸모없는 치장 따위는 떼어 버립니다.
내 마음의 주인이시여.
구석에 숨어 기다리거나 울지는 않겠습니다.
내 행동에서도 부끄러움이나 주저함은 없애렵니다.
님은 내 노리개로 칼을 주셨으니
인형 같은 장난감은 이젠 더 필요치 않습니다.

## 53

님의 팔찌는 아름답습니다.
별을 뿌리고 뭇 빛깔의 보석을 박아 만든 것.
그러나 내게 더욱 아름다운 것은
비쉬누신(神)을 태운 새가
새빨간 황혼 속 유연히 날개 펼친 듯
번개 무늬 새겨진 님의 칼입니다.

죽음의 마지막 일격을 당하고
고뇌의 황홀 속에서
이 목숨 마지막 전율을 보이듯이
님의 칼은 경련하고 있습니다.
다만 한줄기 강렬한 빛으로
속세의 감각을 태워 버릴 순수한 불꽃처럼
님의 칼은 찬란히 빛납니다.

별처럼 빛나는 보석을 박은
님의 팔찌는 아름다와라.
그러나 오오 천둥의 주인이시여
보기도 생각하는 것도 두려운
지고(至高)의 아름다움으로 빚어진
님의 칼이여.

## 54

님에게서 나는 아무것도 구하지 않았습니다.
님의 귀에 내 이름도 속삭이지 않았습니다.
님께서 이별을 고하실 때
나는 말없이 서 있었습니다.
나무들 그림자가 엇비슷이 비껴드는 우물가에
홀로 서 있었습니다.
질항아리 가득히 물을 긷던 여인들이
내게 소리쳤습니다.
"같이 가요. 아침이 지나고 낮이 됩니다"
그러나 나는 멍하니
생각에 잠긴 채 머뭇거릴 뿐이었습니다.

님이 오셨을 때
나는 그 발소리를 듣지 못하였습니다.
님이 나를 보았을 때
그 눈은 슬픔에 차 있었습니다.

님은 낮은 목소리로
"아아, 나는 나그네 길에 목이 말랐네"라고 말씀하실 때
그 음성은 지쳐 있었습니다.

나는 놀라 백일몽에서 깨어나
님이 내미신 양손에 항아리의 물을 부었습니다.
나뭇잎은 머리 위에서 사운거리고
뻐꾸기가 어느 그늘에선가 노래했습니다.
바브라꽃 향기는 길모퉁이로 여울져 왔습니다.

님께서 내게 이름을 물으셨을 때
나는 부끄러워 아무 말 못 하고 서 있었습니다.
진실로 나는 님이 기억하실 만한 무슨 일을 했는지
님께 마실 물을 올려 목 축여 드린 추억뿐
가슴에 남아 내 마음 부드럽게 감싸 줍니다.
아침이 곧 지나가면
새들은 졸리운 음률로 노래하고
니임나무 잎은 머리 위에서 살랑거립니다.
나는 앉은 채 깊은 생각에 잠깁니다.

## 55

네 마음엔 우울함이
눈에는 아직 졸음이 남아 있구나.
가시덩굴 사이
참으로 아름답게 꽃 피어 있다는 이야기를
너는 아직 듣지 못했는가?
깨어라 오오, 깨어나거라.
시간을 덧없이 보내지 말라.

자갈길이 끝나는 곳,
처녀지의 쓸쓸한 시골에
하나밖에 없는 내 친구가 혼자 있으니
그를 배반치 말라.
깨어나라 오오, 깨어나거라.

대낮 햇살의 뜨거운 열을 받아
하늘이 허덕이고 떤들 어떠리
불타는 모래가
갈증의 망토 자락을 펄럭이면 어떠리
네 마음 깊은 곳에 기쁨이란 없는가.
네가 걷는 발자국마다에 길은 가야금 되어
감미로운 영탄조의 가락을 켜지 않는가.

## 56

이처럼 나는 님의 기쁨으로 가득합니다.
님은 내게로 오셨습니다.
오오, 모든 천상(天上)의 주인이시여.
만일 나 아니면 님의 사랑 어디에 주실 겁니까.

님께선 나를
온갖 재물의 반려로 택하셨습니다.
내 가슴 속에는
님의 기쁨의 끝없는 유희가 있습니다.
내 목숨 속에는
님의 의지 끝없이 뿌리내리고 있습니다.

왕 중의 왕이신 님은 아름답게 꾸미어
내 마음을 사로잡았습니다.
님의 사랑은
사랑하는 사람의 사랑 속에 녹아들고
두 사람의 완전한 결합 가운데
비로소 님의 모습 보입니다.

## 57

빛이여
나의 빛이여
이 세상 가득히 채우는 빛이여
눈에 입맞춤하는 빛이여
마음 평화로운 빛이여.

아아, 나의 사랑이여
빛은 내 생명 속에 춤추고 있습니다.
나의 사랑이여,
빛은 내 사랑의 가야금을 울리고
하늘이 열리고 바람은 심하게 불고
웃음소리는 지상을 달립니다.

나비들은 빛의 바다에 돛을 펴고
백합과 쟈스민은 빛의 물결 위에 춤춥니다.

빛은 구름마다 황금으로 뿌려지고
수많은 보석을 산산이 뿌려대는
나의 사랑이여.

나뭇잎은 웃음 속에 사운거리며 즐겁고
하늘의 강은 그 기슭 물에 잠그고
기쁨이 홍수로 넘칩니다.
오 나의 사랑이여.

## 58

기쁨의 곡조를 모두
내 마지막 노래 속에 담으렵니다.
기쁨은 대지에 넘치고
풀숲은 멋대로 수런거립니다.
그 기쁨에 생사의 쌍둥이는
넓은 세상 곳곳을 춤추며 돌고
기쁨에 폭풍이 일면
웃음소리로 온갖 생명을 흔들어 깨웁니다.
기쁨은 다시 눈물 머금으며
괴로움의 꽃이 핀 홍련(紅蓮) 위에 조용히 앉습니다.
또 기쁨은 가진 것 모두 먼지 속에 버리고
입 다물고 말하지 않습니다.

## 59

그래요 나는 알고 있습니다
이것이 바로 님의 사랑인 것을.
오오, 내 마음의 연인이여 ──
나뭇잎 위에 춤추는 이 황금의 빛,
하늘을 흘러가는 근심스런 구름
내 이마에 서늘함 남기고 가는 산들바람.

아침의 빛이 내 눈 가득히 넘칩니다.
이는 내 마음에 비친 님의 전갈입니다
님의 얼굴이 높은 곳에서 비쳐 보이고
님의 눈은 나를 내려다보십니다.
그리고 내 마음은 님의 발에 닿습니다.

## 60

끝없는 세계의 바닷가에 아이들이 모입니다.
머리 위엔 끝없는 하늘이 꿈쩍도 하지 않고
바다는 쉼없이 일렁이고 있습니다.
끝없는 세상의 바닷가에
아이들이 모여 떠들며 춤춥니다.

아이들은 모래로 집을 짓고
조개 껍질로 놀이를 합니다.
마른 잎으로는 작은 배를 만들어
생글거리며 넓고 깊은 바다에 띄웁니다.
아이들은 세계의 바닷가에서 놀고 있습니다.

아이들은 수영도 하지 않습니다.
그물을 던질 줄도 모릅니다.
진주 따는 어부는 진주를 찾아 바다 속을 누비고
상인들은 배를 타고 항해를 하지만
아이들은 작은 돌을 모아서는 또 흩으리곤 합니다.
아이들은 숨겨진 보배를 찾지도 않고

바다는 웃으며 큰 파도를 일으켜
바닷가의 미소는 파랗게 빛납니다.
죽음을 가져오는 파도는 별 의미 없는 이야기를
아이들에게 노래하여 들려줍니다.
어머니가 아기를 요람에 잠재울 때와 같이 ──
바다는 아이들과 같이 놀고
바닷가의 미소는 파랗게 빛납니다.

끝없는 세계의 바닷가에 아이들이 모입니다.
폭풍은 길 모르는 하늘에 방황하고
배는 알 길 없는 바다에 가라앉고
죽음은 날뛰어도
아이들은 놀고 있습니다
끝없는 세계의 바닷가에
아이들이 가득히 모여 있습니다.

## 61

갓난아기 눈에 아물거리는 잠,
그 잠은 어디에서 오는지 아십니까
소문엔 반딧불 어렴풋이 반짝이는 숲 그늘
그곳엔 옛이야기 속의 나라가 있어
마법으로 피운 두 송이 꽃이
수줍게 흔들리고 있습니다
아기의 잠은 거기 살고 있습니다
그곳에서 찾아와 아기 눈에 입맞춤한답니다.

아기가 잠잘 때 그 입술에 아른거리는 미소,
그것은 어데서 온 것인지 아시는지.
소문엔 초승달의 신선한 푸른 빛이
금방 꺼질 듯한 가을 구름 밑에 닿아서
이슬에 젖은 아침 꿈속에
처음으로 미소가 태어난답니다.
아기 잠잘 때 입술에 아른거리는 미소는
바로 그것이랍니다.

아기 손발에
빛나는 달콤하고 부드러운 신선함 ──
원래 어디에 숨어 있었는지 아십니까.
그래요 엄마가 젊은 처녀였을 때
사랑의 부드러운 침묵의 신비로
가슴에 가득 차 있던 것 ──
아기 손발에
빛나는 달콤하고 부드러운 신선함은.

## 62

내 아들아,
내가 네게 여러 빛깔의 장난감을 가져다 주었을 때
구름이나 물에도 그런 빛깔의 유희가 있음을
또 꽃들이 갖가지 빛으로 물들여져 있음을
왠지 나는 알았단다 내 아들아
내가 네게 여러 빛깔의 장난감가져다 주었을 때.

내 노래 불러 너를 춤추게 할 때
나뭇잎 사이에 음악이 있음을
또 물결이 온갖 소리로 합창을 보내와
귀 기울이는 대지의 심장에 닿게 함을
나는 정말 알겠구나 ──
내가 노래 불러 너를 춤추게 할 때,

내 달콤한 것을
갖고 싶어하는 네 손에 쥐어 줄 때
꽃 속에 꿀이 있음을, 또
과실에 단물이 은밀히 채워져 있음을
나는 정말 알겠구나 ──
네 갖고 싶어하는 손에 그것을 쥐어 줄 때.

사랑스런 내 아들아,
네 얼굴에 입맞춤하여 너 미소 지을 때
아침 햇살 받아
하늘에서 흘러내리는 즐거움이 어떤 것인가를,
나는 똑똑히 알겠구나 ──
내가 네 얼굴에 입맞춤하여 너 미소지을 때.

## 63

님은 내 미처 몰랐던 친구를 알게 하였고
내 집이 아닌 곳에 날 살게 하셨습니다.
님은 멀리 있는 것을 가까이하게 하시고
낯선 사람을 형제로 만드셨습니다.

내가 정든 집을 떠나야 할 때
나는 걱정스러웠습니다.
새 집에도 옛것이 함께 온다는 것과
거기에도 님이 계심을
내 잊고 있었기에 —
태어나고 죽고,
이승에서나 저승에서나
님께서 나를 어디론가 데려가신다 해도
언제나 기쁨의 밧줄로
내 마음을 미지의 것에 매어 주심은
내 무한한 생명의 단 한 분의 반려,
영원히 변치 않는 님이십니다.

님 계심을 알기에 그 외엔 다른 사람도,
닫혀진 문도 없습니다.
오오, 내 기도를 들으소서,
많은 하찮은 일에 휩싸여 유일한 그분과의 만남을
결코 놓치는 일이 없게 도와주소서.

## 64

잡초 무성한 강기슭에서
나는 한 소녀에게 물었습니다.
"소녀여,
초록 웃도리로 가리고 어디로 갑니까
내 집은 캄캄하고 쓸쓸합니다
그 등잔을 빌려 주시오."
그녀는 검은 눈망울로 저녁 어스름 속
나를 올려다보고 말했습니다.
"저는 이곳,
강기슭으로 온 것이랍니다.
석양이 질 무렵엔
등잔을 강물에 띄우렵니다"
나는 무성한 풀섶에 혼자 서서
그녀 등잔의 조촐한 불꽃이
끝없이 흘러감을 지켜 보았습니다.

밤의 침묵이 깊어졌을 때
나는 다시 그녀에게 물었습니다.
"소녀여,
그대 등잔에 모두 불 켜졌으나
그 등잔 들고 어디로 가렵니까.
내 집은 캄캄하고 쓸쓸합니다
그 등잔을 빌려 주십시오"
그녀는 검은 눈망울로 나를 올려다보며
한동안 서서 생각한 후
어둠 속에서 나를 바라보며 말했습니다.
"제가 온 것은 등잔을 하늘에 바치고자 함입니다"
나는 선 채로
그 등잔 공허롭게 타고 있음을
한없이 지켜 보고 있었습니다.

달그림자도 없는 한밤중 어둠 속,
나는 그녀에게 물었습니다.
"소녀여,
등잔을 높이 받쳐들고
무엇을 빌고 있습니까
내 집은 어둡고 쓸쓸합니다.
그 등잔을 빌려 주십시오"
그녀는 한동안 서서 생각한 끝에
어둠 속의 나를 바라보며 말했습니다.
"제등놀이에 참가하고자
저는 등잔을 가져온 것이랍니다."
나는 선 채로
그 등잔 하염없이 멀어져 감을
무수한 등잔 속에 섞이어 멀어져 감을
조용히 지켜보고 있었습니다.

## 65

나의 신이여,
내 생명이 넘치는 잔으로부터
어떠한 신주(神酒)를 마시옵니까.
나의 시인이시여
내 눈 통하여 당신의 창조물을 보시고
내 귓가에서
당신의 영원한 조화에 귀 기울이심은
그것이 님의 기쁨이기 때문.

님은 내 마음속에
언어의 세계를 마련하셨고
님의 기쁨은
거기에 선율을 더하는 것이오니
님은 사랑으로 내게 기대시어
거기 당신의 온전한 감미로움을
내 안에서 느끼십니다.

## *66*

그녀는 내 존재 속 깊은 곳에
유연하고 조용히 아련하게 가려진 채 살고 있습니다.
새벽빛이 비치어도 그 베일을 벗지 않았습니다.
나의 님이여,
나는 이 소녀를 이 세상 아쉬움의 노래로 싸서
내 마지막 선물로 님께 바치렵니다.

어떠한 말로도
그녀의 마음을 사지 못하였습니다.
온갖 맹세로도 그녀를 껴안지는 못하였습니다.

내 가슴 속 깊이 그녀를 간직하고
이 나라에서 저 나라로 방황했습니다.
내 생애의 열정은 다만 그녀를 위함이었습니다.

내 생각과 행동
내 잠과 꿈은 모두 그녀가 지배하고 있었으나
그녀는 언제나 홀로 있었습니다.
많은 사람들은 날 찾아와 그녀를 보려 했으나
실망하여 모두 되돌아갔습니다.

그녀의 얼굴을 바로 본 사람은
이 세상엔 없었습니다.
그녀는 님께서 알아주실 때까지
고독하게 기다릴 뿐이었습니다.

## 67

님은 큰 하늘이며
또한 보금자리 이십니다.

오오, 아름다운이여,
그 보금자리 속에서
여러 빛과 노래와 향기로
영혼을 감싸 줌은 바로 님의 사랑입니다.

아침이 되어
오른손에 황금의 바구니 들고
거기 아름다운 화환을 담아
말없이 대지 위에 왕관을 씌웁니다.

가축들의 무리 사라지고
쓸쓸한 초원에 밤이 다가옵니다.
휴식의 서쪽 바다로부터는
황금 항아리에 평화의 생수를 길어
표식도 없는 길을 애써 찾아옵니다.

그러나 영혼이 그 날개를 쉬게 할
무한한 하늘이 펼쳐지는 곳에
때묻지 않은 새하얀 빛이 나고
거기에는 낮도 밤도 없습니다
모습도 빛깔도 없습니다
한마디 말도 없습니다.

## 68

님의 햇살은 두 팔을 벌리고 지상으로 오시어
내 눈물과 한숨과 노래로 이룬 구름
님의 발 아래로 되돌리려
평생 동안 내 문전에 서 있습니다.

님은 기쁨으로 별이 반짝이는 가슴에
안개 자욱한 구름 외투를 걸치십니다.
여러 모습으로 바꾸며
주름을 잡고 끝없이 변하는 빛깔을 드립니다.

그것은 가볍고 잘 날며
부드럽고 눈물에 젖고 더러워져 있으나
님은 그것을 사랑하십니다.
님은 티없이 맑게 개어 있기에
님의 엄숙한 빛을
외투의 고뇌로운 그림자로 덮고 있습니다.

## 69

내 혈관을 밤낮없이 흐르고 있는 이 생명은
세계 속으로 흘러들어
장단에 맞추어 춤을 춥니다.

생명은 기쁨이 되어 솟아올라
대지의 먼지 속을 지나 무수한 풀잎에 이르고
격한 파도 속으로
나뭇잎과 꽃들로도 터져 나갑니다.

생사의 큰 바다 요람 속에서
생명은 이리저리 흔들리고 있습니다.

이 생명의 세계에 접하여
내 손발이 영광에 빛남을 느낍니다.
또 이 순간 여러 세대 무수한 생명의 맥박이
내 핏속에 뛰놀고 있음은 영광입니다.

## 70

이 음률의 기쁨 가지고
님에게 이를 수 없는 것이오니까?
이 두려운 환희의 소용돌이 속에 던져지고
버려지고 부서진다는 것은 ──

모든 것은 흘러 쉼이 없고
되돌아보지도 않고
어떠한 힘에 걸림도 없이 흘러갑니다.

이 쉼없이 빠른 리듬에 발맞추어
계절이 춤추며 왔다가 다시 사라져 갑니다.
빛깔도 가락도 향기도
끝없는 폭포가 되어
넘쳐나는 환희에 쏟아져 내려
환희는 순간마다 부서지고
절망하여 죽어 갑니다.

## 71

나는 스스로를 소중히 키워
이를 사방으로 향하게 하여
온갖 빛을 님의 영광 위에 뿌려야 합니다
—— 이는 님의 환영(幻影)입니다.

님의 스스로의 존재에 벽을 치시고
무수한 곡조로 님의 분신을 부릅니다
님의 분신은 내 안에도 살아 있습니다.

절실한 노래는 하늘 가득히 메아리져
여러 빛깔의 눈물과 미소
공포와 희망이 됩니다.
물결이 밀려와서는 부서지고
꿈이 깨어졌다 다시 맺어집니다.
내 안에서 님은 스스로
이기는 법을 알고 계십니다.

님께서 치신 발에는
밤과 낮의 붓으로
수없는 모습이 그려져 있습니다.
그 뒤에 마련한 님의 거처는
놀라운 신비의 곡선으로 짜여져
멋없는 직선이란 하나도 없습니다.

님과 나의 놀라운 장관(壯觀)이
하늘 가득히 펼쳐집니다.
님과 나의 음률로 대기(大氣)가 진동하고
모든 세대를 거쳐
님과 나는 숨박꼭질을 합니다.

## 72

가장 속 깊은 곳에 계신 님이여
님은 깊고 신비로운 촉감으로
나의 존재 불러일으켜 눈뜨게 하십니다.

내 눈에 마법의 주문을 외어
기쁨과 고뇌의 음률을 키시어
나의 심금을 기꺼이 울리심은 님이십니다.

님은 금과 은, 파랑과 초록의 미묘한 빛깔로
환상의 직물을 짜올리고
그 주름 사이로 발끝을 내보이십니다.
나는 님의 발에 내 손 닿았을 때
나는 나를 잊습니다.

많은 날이 오고, 세월은 지나갑니다.
님께서는 언제나
많은 이름, 많은 모습으로
또 많은 기쁨과 슬픔의 법열로써
내 마음을 감동케 하십니다.

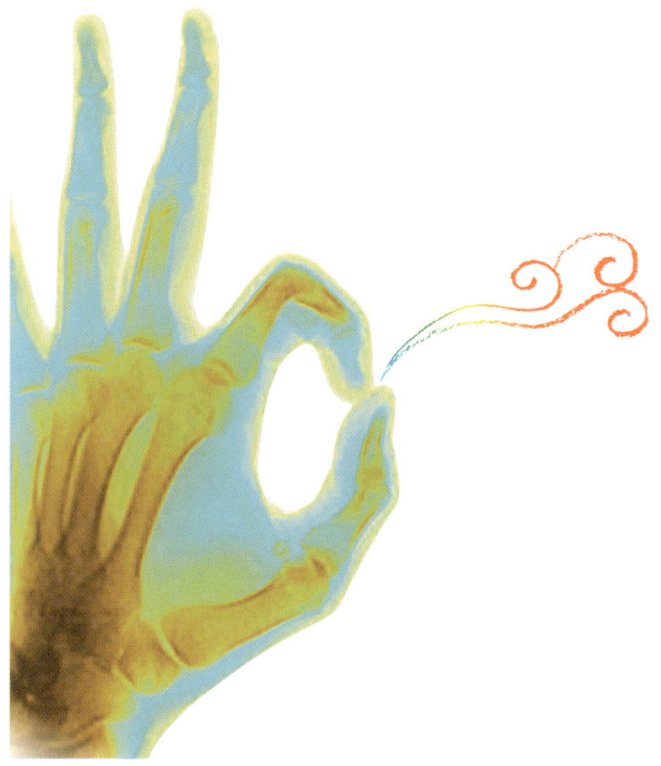

### 73

내게 있어
해탈은 체념 속에 있음이 아닙니다.
나는 수많은 환희의 속박 가운데
해방의 포옹을 느낍니다.

님은 언제나
빛도 향기도 다른 갖가지 신선한 술을
날 위해 이 토기의 잔에 가득히 부어 주십니다.

나의 세계는
서로 다른 수백의 초롱에 불을 당기고
이를 님의 사원 제단 위에 올립니다.

나는 내 감각의 문을 결코 닫지 않으렵니다
보고 듣고 또 손길이 닿는 기쁨은
님의 환희를 전할 것입니다.

그래요
나의 모든 환상은 불타올라
환희의 조명 되어 빛나고
나의 모든 욕구는 완숙하여
사랑의 열매가 될 것입니다.

## 74

날은 저물어 땅거미가 대지를 덮습니다.
강가에 나가
물동이에 물 길어 올 때가 되었습니다.

저녁 바람은 강물의 구슬픈 음악에
열심히 귀를 기울입니다.
아아, 나는 어둠 속으로 빠져듭니다.

쓸쓸한 오솔길엔 인적도 없고
바람이 일어 강물엔 잔물결이 여울집니다.

나는 내 집에 돌아갈 수 있을까?
누구를 만날 수 있는 것일까?
저기 선창가 작은 배 위에
낯선 사람이 가얏고를 키고 있습니다.

## 75.

님의 선물은
우리 중생의 모든 갈망 채워 주시고
우린 그대로 님께 되돌아갑니다.

강물은 날마다 할 일이 있어
들이나 마을을 질러 급히 사라지고
그 끊일 줄 모르는 흐름은
님의 발을 씻기려 되돌아갑니다.

꽃은 그 내음으로 대지를 향기롭게 하나
그 마지막 의무는
님께 그 몸을 바치는 것입니다.

님을 예배함은
이 세상을 가난에서
벗어나게 하려 함입니다.

시인의 말씀 가운데서
사람들은 마음에 드는 뜻을 얻어 갖지만
그 말씀의 궁극의 뜻은
님을 향한 것입니다.

## 76

오오, 내 생명의 주인이시여
날마다 님과 마주설 수 있겠나이까
님의 크신 하늘 아래,
다만 소리없이 겸손하게
님과 마주설 수 있겠나이까.
이 고된 님의 세계에서
고난과 경쟁의 심한 세계에서
바쁜 무리들과 온통 섞인 속에서도
나는 님과 마주설 수 있겠나이까,

또한 이 세상의 내 일이 끝났을 때
다만 나 홀로 말없이
님과 마주설 수 있겠나이까.
왕 중의 왕이시여,

## 77

님이 신(神)이심을 알고, 나는 떨어져 서 있으며
님은 나의 자아임도 모르고 가까이하려 않습니다.
님께서 내 아버님이심을 나는 알고
님의 발 아래 엎드립니다.
친구의 손을 잡듯이 님의 손을 잡지는 못합니다.

님께서 내려오시어
나의 자아라고 말씀하실 때,
님을 내 가슴에 안고 나의 반려로 맞아들일 때,
나는 거기 서 있지 않습니다.

님께선 내 형제 중의 형제이시나
나는 다른 형제들을 돌보지도 않고
내 소득을 그들에게 나누어 주지도 않고
나의 모든 것 당신과 나누려 할 뿐입니다.

즐거울 때나 괴로울 때나
나는 사람들 편에 서려 하지 않고
다만 님의 곁에 설 뿐입니다.
나는 내 생명 버릴 것을 주저하기에
위대한 생명의 바다에
내 몸을 던지지 못합니다.

## 78

창조물이 새롭고
모든 별이 빛나기 시작했을 때
신들은 천상에 모여 노래하였습니다.
"오오, 완성의 모습이여, 진정한 기쁨이여!"
그러나 어느 한 사람이 외쳤습니다.
"빛줄기의 한곳이 끊어져
별 하나 없어졌네"

신들의 가얏고의 황금줄이 툭 끊어져
노래도 멈췄습니다.
그들은 당황하여 울부짖었습니다.
"그렇지 없어진 그 별은 제일 뛰어난 모든 천계의 영광이었다"

그날부터 그 별을 찾기 시작하여
쉴 사이도 없었습니다.
모두가 저마다 울면서 소리쳤습니다.
"그 별이 없어짐에 이 세상의 단 하나인
기쁨을 잃었다!"고.

다만 가장 깊은 밤의 침묵 가운데
별들이 서로 웃음지으며 속삭입니다.
"찾음은 헛되어라. 어디고 깨질 길 없는
완전으로 가득하나니!"

## 79

만일 내 평생
님을 뵙지 못함이 내 숙명이라면
님의 모습 뵙고자 하는 바램을
다만 영원히 지니게 하소서,
단 한 순간도 잊지 말게 하소서
꿈에도 생시에도
이 슬픔의 고통을 참아 가게 하소서.

이 세상 어지러운 저자에서 세월을 보내고
나날의 소득이 두 손 안에 가득 찬다 해도
내가 무엇 하나 얻은 것 없다 함을
깊이깊이 생각케 하소서
단 한 순간도 잊지 말게 하소서
꿈에도 생시에도
이 슬픔의 고통을 참아 가게 하소서.

내 기진하여 길가에 앉았을 때
먼지투성이되어 잠자리를 펼 때
이제부터 다시 먼 나그네 길 요원함을
언제나 느끼게 하소서
한 순간도 잊지 말게 하소서.

내 방마다의 장식은 벗겨지고
피리 소리와 웃음소리 높이 들려 올 때
님을 내 집에 초대치 못함을
언제나 생각케 하소서
단 한 순간도 잊지 말게 하소서
꿈에도 생시에도 이 슬픔의 고통을
언제나 참아 가게 하소서.

## 80

오오, 영원히 빛나는 나의 태양이여
나는 공허하게 떠도는
가을 구름의 한자락과 같습니다.
님의 눈부신 빛과 한몸되도록
님의 손길은 아직도
나는 환상을 녹이시지 못하였기에
나는 님과 헤어져 있는 동안의
달과 해를 헤아리고 있습니다.

만일 이것이 님의 소망이라면
만일 이것이 님의 장난이라면
흘러가는 내 허무를 잡으시고
색을 칠하고 황금으로 도금하여
그것을 변덕스러운 바람에 띄워
갖가지 기적으로 펼쳐 주소서.

그리고 또 밤이 되어
이 장난을 멈추고자 바라올 때
나는 녹아 어둠 속에 흔적없이 사라지든지
아니면 새벽의 미소 속으로
아니면 순결하고 투명한 차가움 속으로
흔적도 없이 사라지려 합니다.

## 81

수없이 거듭하며
헛되이 지나간 잃어버린 날들을
나는 진정 슬퍼했습니다.
하나 이는 결코 잃은 것이 아닙니다.
나의 주인이시여.
님은 내 생의 순간 순간을
모두 님의 손으로 걷어 주었습니다.

님은 모든 존재의 깊은 속에 숨어
씨앗을 길러 싹트게 하고
봉오리는 꽃을 피게 하고
꽃은 풍부한 열매를 맺게 하십니다.

내가 피곤하여 태만의 잠자리에 들면
모든 일은 중지되리라 여겼지만
아침되어 눈 떴을 때
내 정원은 꽃들의 기적으로 가득했습니다.

## 82

나의 주인이시여
님의 손 안에서 시간은 무한합니다.
님의 시간을 셈할 자는 아무도 없습니다.

낮과 밤이 지나고
세월은 꽃처럼 피었다가는 집니다
님은 기다림을 알고 있습니다.
님은 몇백 년에 걸쳐 하나의 작은 들꽃을 피게 합니다.

우리에게는 충분한 시간이 없습니다.
시간이 없기에
우리 서로 기회를 가지려 합니다
우린 가난하기에 지체할 수 없었습니다.

그리하여 모든 불평객에겐 누구에게나
원하는 시간을 내주기에
그렇게 시간은 흘러가 버립니다.
그리고 님의 제단에는 언제까지나
또 무엇 하나 올리지 못합니다.

해질 무렵 님 계신 곳의 문잠길까
내 걸음을 재촉합니다.
그러나 아직 시간이 남아 있음을
나는 거기 당도하여 알았습니다.

## 83

어머니
내 슬픔의 눈물로
님께 드릴 진주 목걸이를 꿰겠습니다

별들은 그 빛을 꿰어 발찌를 만들어
님의 발목을 장식했습니다만
내 스스로 만든 장식은
님의 가슴에 걸쳐질 겁니다.

부귀와 명성은 님께 따르는 것
그것을 주심도 주지 않으심도
당신 마음에 있을 뿐입니다.
그러나 내 이 슬픔은 온전히 제것입니다
내가 이것을 님께 드릴 때
님은 님의 자비로서 보답하여 주십니다

## 84

온 세상에 퍼져
끝없는 하늘에 무수한 형상을 낳게 함은
고독한 고뇌입니다.

밤새 별에서 별을 묵묵히 지켜 보며
비 내리는 7월의 어둠 속에서
술렁이는 나뭇잎에서
서정을 불러일으킴은 고독한 슬픔입니다.

가정에서 사랑과 욕망이
괴로움과 기쁨이 깊어짐은
고통으로 펼쳐지는 것입니다.
그리고 이는 또한 시인인 내 가슴 속에
언제나 노래가 되어 녹아 흐릅니다.

## 85

전사들이 그들 주인의 공관에서 처음으로 나왔을 때
그들의 힘은 어디에 감추어 두었던가
투기와 무기는 어디에 있었던가

주인의 공관에서 나온 날
그들은 비참하고 형편없었습니다.
그리고 화살은 그들에게
빗발처럼 쏟아져 내렸습니다.

전사들이 주인의 공관으로 행진하여 갔을 때
그들의 힘은 어디에 감추어 있었던가

그들은 칼을 버리고 활과 살을 버렸습니다.
그들의 얼굴에는 평안함이 깃들여 있었고
그 생애의 공로는 후세에 남았습니다.

## 86

님의 종인 죽음이 내 문전에 서 있습니다.
그는 이름 모를 바다 건너
님의 부름을 내게 전하려 왔습니다.

밤은 어둡고 내 마음은 두려움에 찹니다.
그러나 나는 초롱을 들고 문을 열어
공손하게 맞아들이렵니다
문전에 서 있는 분은 당신의 사자이기에 —

나는 합장하고 눈물 흘리며
그를 예배하려 합니다
내 마음의 보물을 그 발 밑에 받쳐들고
합장하고 예배하려 합니다.

님의 종은 의무를 수행하고
내 아침에 어둔 그림자 남기고 돌아갑니다.
끝내 쓸쓸한 내 집에 남는 것이란
의지할 곳 없는 내 자아일 뿐
이는 님께 바치는 마지막 제물입니다.

## 87

절망 속 한 가닥 기대 걸고
내 방 구석구석에 그녀를 찾지만
끝내 보이지 않았습니다.
내 집은 작으나 한 번 잃은 것은
두 번 다시 찾을 길이 없습니다.

나의 주인이시여
님의 저택은 무한합니다
내 그녀를 찾고 있는 사이
어느덧 님의 문전에 다다랐습니다.

나는 님의 밤하늘 황금의 지붕 밑에 서서
뜨거운 눈길로 님의 얼굴 우러릅니다.

나는 무엇 하나 소멸될 길 없는
영원한 물가에 와 닿습니다.
희망도 행복도,
눈물 사이로 비친 환상의 모습도 ──

오오, 내 공허한 생명 저 바다에 잠기게 하고
이 무한의 깊이에 빠져들게 하소서
잊어버린 그 감미로운 손길을
우주의 총체 속에서
다시 한 번 느끼게 하옵소서,

## 88

황폐한 사원에 계신 신이시여
가야금의 줄은 끊기고
님을 찬송하는 노래는 부르지 않습니다.
저녁 종은
님께 드릴 예배 시간도 알리지 않습니다.
님을 둘러싼 대기는 조용히 가라앉고
님의 외로운 거처에 봄바람이 불어옵니다.
바람은 꽃소식을 가져오나
그 꽃을 님의 예배에 바치는 자 이제 없습니다.

님의 옛 사제들은 거절당하여
더욱 은총 구하여 방황하건만
저녁이 되어 불빛과 어둠이
지상의 어둠에 섞이어 질 무렵에는
몸은 지치고 마음은 허기진 채
황폐한 사원으로 되돌아옵니다.

많은 잔칫날은 소리도 없이 님께 다가옵니다.
황폐한 사원의 신이시여
많은 예배의 밤 또한
등불도 못 밝힌 채 지나갑니다.
솜씨 좋은 장인들이 많은 신상(神像)을 새로 만드나
언젠가는 신성한 망각의 강물에 띄워 보냅니다.

다만 황폐한 사원의 신들만이
죽음 없는 태만 속에
예배도 받음없이 남아 있습니다.

## 89

삼가시오. 큰소리냄을 듣기 원치 않으니 ──
이는 내 주인의 뜻이옵니다
이제부턴 속삭이기로 하겠습니다
내 마음의 소리는
노래의 입속말로 전하게 될 겁니다.

사람들은 왕(王)의 시장으로 서둘러 갑니다.
사고 파는 사람들도 모두 거기 있습니다.
그러나 나는 한낮에
일하는 도중에 때도 아닌데 쉬고 있습니다.

나의 뜰에 때아닌 꽃이 피었으면 또
대낮의 꿀벌들이 한가롭게 읊조렸으면 ──

오랜 동안 선악의 싸움으로 시간을 보냈지만
지금, 내 공허한 날들의 놀이 친구가
내 마음을 끄는 것만을 즐겨합니다.
그러나 왜 무익한 일 위해 갑자기 불려 나왔는지
나는 전혀 알지 못합니다.

## 90

죽음이 네 문전을 찾는 날
너는 무엇을 내보일 수 있겠는가.

오오, 나는 내 생명 가득 찬 잔을
그 손님에게 드리리라.
결코 빈손으로 돌아가게 하지는 않으리

내 모든 가을날과
여름밤의 달디단 포도의 수확을
분주한 내 생애의 모든 수확과 낙수(落穗)를
나는 죽음 앞에 내놓겠습니다.
내 생애가 끝나고
죽음이 내 문전을 찾아오는 날에,

## 91

오오, 생애 최후의 마무리인 죽음이여
나의 죽음이여
여기 다가와 내게 속삭여 주오!

날마다 나는 그대 오기를 기다렸소.
그대 있기에
내 인생의 기쁨과 아픔을 견디어 왔소.

나의 존재,
나의 소유
나의 희망과 나의 사랑 그 모든 것은
언제나 고요한 깊이로 죽음 향하여 흘러갔소.
그대가 마지막 한 번의 눈길을 보내오면
내 생명은 영원히 그대 것이 될 것이오.

꽃은 엮어지고
신랑 위한 화환의 준비는 되었소.
혼례가 끝나면 신부는 제집 떠나
인적없는 밤
다만 홀로 신랑 집으로 갈 것이오.

## 92

드디어 어느 날엔가
나는 이 세상에서 보는 힘을 상실할 겁니다.
생명은 나의 눈 위에 마지막 발을 치고
말없이 사라질 것입니다.

그러나 역시 이전처럼
별은 밤새 깨어 있고
아침은 눈을 뜰 겁니다.
순간 순간은 바다의 파도처럼 솟아오르고
기쁨과 괴로움을 가져올 것입니다.

내 종말의 순간을 생각할 때
찰나마다의 장벽이 무너지고
죽음의 빛으로 밝혀지는 님의 세계가
무심한 보배로 가득 차 있음을
나는 역력히 보고 있습니다.
거기엔 어떤 천한 자리도 멋있고
어떤 초라한 생명도 멋있습니다.

내 구하여 얻지 못한 것과
또 얻을 수 있었던 것
그 모든 것 떠나가게 하시고
다만 내가 이전에 물리친 것
미처 보지 못한 것
그것을 진실로 나로 하여금 갖게 하소서.

## 93

나는 떠나야겠습니다.
안녕히 계십시오, 형제들이여!
여러분 모두에게 인사하고 나는 떠나렵니다.

내 문의 열쇠를 돌려드립니다
또 내 집의 권리도 모두 포기합니다
다만 여러분의 마지막 정다운 말씀 듣고자 할뿐 ──

오랜 동안 이웃사촌이었으나
내가 준 것보다 받은 것이 많았습니다.
이제야 날이 밝아
내 어둔 구석 비추던 등불이 꺼졌습니다.
부르심이 있습니다.
내 나그네길의 준비는 모두 끝났습니다.

## 94

이제 내 떠남에 있어
친구여 내게 축복 내려 주오.
하늘은 새벽의 빛을 받아
나의 갈 길은 아름다와라.

내가 무엇을 거기에 가져가는지
이는 묻지 말아 주오.
나는 빈손으로 길 떠나지만
마음에 기대어 부풀어 있습니다.

나는 결혼식의 화환을 걸치겠습니다.
내 옷은 나그네의 붉은 밤빛이 아닙니다.
또 내 가는 길에 위험 있다 해도
내 마음에 두려움은 없습니다.

나의 여정이 끝날 때
저녁별은 빛날 것이며
황혼의 노래의 서글픈 가락이
왕궁의 정문에서 울려 나올 것입니다.

## 95

내 생애의 문턱 넘어 처음으로 이승을 찾았을 때
나는 아무것도 알지 못했습니다.

한밤의 숲 속 꽃봉오리 와도 같이
이 광활한 신비를 향해
나를 열게 한 힘은 무엇입니까.

날이 밝아 아침 햇살을 바라볼 때
바로 나는 알 수 있었습니다.
나는 이 세상의 낯선 자가 아니었으며
이름도 모습도 없는 저 불가사의한 분이
내 어머니의 모습되어 나를 안아 일으키셨음을.

이처럼 내 영원한 이별을 고할 때에도
그 낯선 분이
내 옛 낯익은 모습으로 나타나실 겁니다.
나는 이 삶을 사랑하기에
죽음도 함께 사랑해야 할 것을 알고 있습니다.

어머니가 오른쪽 젖을 떼면
어린 젖먹이는 울어젖히나
바로 왼쪽 젖을 물려 주어 안심시킵니다.

## 96

내 이승을 떠남에 있어
나는 이별의 말씀을 이렇게 드립니다.
"내가 본 것은 비할 데 없이 훌륭하였습니다
빛의 바다에 펼쳐진 연꽃 속
감춰진 꿀을 나는 맛보았습니다.
이처럼 나는 축복받았습니다"
이처럼 이별의 말씀을 드립니다.

무한의 모습을 한 이 극장에서
나는 자신을 연기를 하고, 여기서
형체도 없는 그분의 모습을 보았습니다.
닿을 수 없는 그분 손길에 닿아
내 온몸과 손발은 떨렸습니다.
지금 이것으로 끝이 난다면
그냥 끝나도록 하여 주소서
나는 이렇게 이별의 말씀을 드립니다.

## 97

내가 님과 같이 벗하였을 때
님이 누구신지 묻지를 않았습니다.
나는 부끄러움도 두려움도 모르고
내 생활은 밝고 요란했습니다.

아침 일찍
님은 내 친구처럼 나의 잠 깨우시고
나를 숲에서 숲으로 뛰어놀게 하셨습니다.

그때 님께서 들려주신 노래의 뜻을
나는 알려고도 하지 않았습니다.
다만 내 목소리만이 그 곡조 따라 노래하고
내 마음은 그 박자에 맞춰 춤추었습니다.

놀이의 시간이 다 지나간 지금
갑자기 눈앞에 나타난 광경은 무엇입니까?
세상도 별도 묵묵할 뿐
모두 님의 발 아래 눈을 내리깔고
겸손하게 머물러 섰습니다.

## 98

나의 패배의 표식으로
전리품과 화환으로 님을 장식하렵니다.
패배 전에 도망치는 것은
내게 용납되지 않습니다.

나는 잘알고 있습니다.
내 자만은 막다른 곳에 이르고
생명은 격렬한 아픔에 못 이겨 그 끈을 단절하고
내 공허한 마음은 꿈꾸는 갈대피리처럼
흐느껴 우는 음악을 연주할 것입니다.
그러면 단단한 돌도 눈물에 녹아 내릴 것입니다.

나는 잘알고 있습니다
백 개의 연꽃잎이
언제까지나 닫혀져 있지는 않을 것을
그 꿀의 밀실도 알려질 것을 ──

푸른 하늘에서 한 눈길이 나를 지켜 보며
소리없이 나를 불러갈 겁니다.
나에겐 무엇 하나 남겨질 것 없으며
님의 발 아래서 온전한 죽음을 받아들일 것입니다.

## 99

내가 탄 배의 키〔舵〕를 놓을 때
님께서 이를 받으실 때가 왔음을 알았습니다.
하실 일은 바로 하시리라 믿으며
이젠 다투어도 소용없음을 압니다.

내 마음이여.
그 손을 거두고 너의 패배를 묵묵히 참음이 좋으리라.
또 네가 자리잡은 곳에
조용히 앉아 있는 것으로도 행복이라 생각하라.

내 지녔던 등불은 작은 바람에도 꺼져 가고
거기 다시 불사르는 동안 다른 일을 모두 잊습니다.

그러나 이젠, 슬기롭게 나의 자리 마루에 펴고
어둠 속에서 기다리렵니다.
오오 님이시여, 언제나 님이 좋으실 때
소리없이 오시어 여기 님의 자리에 앉으소서.

## 100

형태 없는 온전한 진주 찾으러
나는 형태 있는 바다 속으로 뛰어듭니다.
비바람에 낡은 작은 배 타고
항구에서 항구로 노 저어 다니는
그런 일은 이제 끝맺으렵니다.
파도에 출렁이며 놀던 날들은 옛일입니다.

이젠 죽어 불사(不死)에 이르름을 열망하옵니다.

끝모를 심연의 큰 대청(大廳),
소리없는 현의 음악이 울리는 곳
거기 나는 가지고 가렵니다
내 생명의 가야금을 ──

나는 영원의 곡조에 맞추어
흐느끼는 마지막 곡이 끝나면
침묵의 님의 발 아래
나의 소리없는 가야금을 눕히겠습니다.

## 101

한평생 나는 노래하며 님을 찾아왔습니다.
문전에서 문전으로 날 인도한 것은 노래였으며
또 그 노래로 내 세계를 찾아
거기 손길이 닿을 수 있었습니다.

내가 지금껏 배운 것은
모두 나의 노래가 가르친 것입니다.
노래는 나를 비밀의 오솔길로 이끌어 주고
내 마음의 지평선 위에
많은 별을 보여주었습니다.

내 노래는 온종일
기쁨과 고통의 나라의 신비로 날 인도하고
기어이 내 나그네길 끝나고 해 저물 때
끝내 그곳은 어느 궁전의 문전이었습니다.

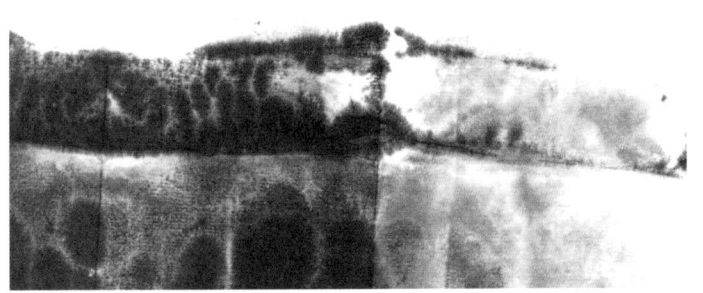

## 102

님을 알고 있다고
나는 남들에게 자랑했습니다.
그들은 나의 모든 작품에서
님의 역력한 모습을 봅니다.
사람들은 몰려와 나에게 묻습니다.
"저 사람은 누구요"
나는 답할 길이 없어 이렇게 말합니다.
"실은 나도 모르오"
사람은 나를 비웃으며 가버립니다.
그래도 님은 미소지은 채 거기 앉아 계십니다.

나는 님의 말씀 빠짐없이 노래했습니다.
품은 그리움이 내 가슴에서 솟아올랐습니다.
사람들은 내게로 와서 묻습니다
"네 노래의 뜻을 모두 이야기하라"
나는 무엇이라 대답할 길 모르나 말합니다
"아아, 누가 감히 내 노래의 뜻을 알까"
사람들은 나를 비웃으며 가버립니다
그러나 님은 미소지은 채 거기 앉아 계십니다.

## 103

나의 님이시여 .
다만 일심으로 님께 귀명(歸命)하여
내 모든 감각을 펼쳐
님의 발 아래 엎드리어
이 세상에 닿게 하소서.

아직 다 내리지 않은 소나기를 머금고
얕이 내려와 걸려 있는 7월의 비구름이듯
다만 일심으로 님께 귀명토록
님의 문전에 내 마음 모든 것 바치게 하소서.

모든 내 노래의
그 다양한 선율도 함께
단 한 줄기 흐름으로 모아
침묵의 바다로 흐르게 하소서
다만 일심으로 님께 귀명케 하소서

고향 그리워 밤낮의 가림없이
산속 옛 둥지로 날아 가는 학의 무리처럼
다만 일심으로 님께 귀명하고
내 온갖 생명 바쳐
영원한 고향으로 배 떠나게 하소서.

□ 연　보

1861년　5월 7일 캘커타에서 출생.
　　　　아버지 Maharishi Devendranath Tagore의 14번째 막내로 출생함.
1873년　그의 첫 장시 〈Abhilash(동경)〉를 씀.
1876년　어머니 영면함. (첫번째 육친의 죽음을 체험.)
1878년　영국을 방문하고, 벵골로 돌아옴.
1879년　시〈난파선〉완성.
1983년　12월 9일 Bhavatorani와 결혼, 결혼 후 Mrinalini 라고 개명.
1884년　장시〈봐누싱하 타쿠르의 노래의 꽃다발〉출간함.
1887년　잡지《sadhana》를 창간.
1891년　서간집〈벵갈의 섬광(A Glimpse of Bengal)〉씀.
1892년　희곡〈Chitrangada〉출판함.
1896년　시집《Chaitali》출판함.
1901년　산띠니께딴에 학교 설립.《벵골평론》창간.
1902년　아내 사망, 계속해서 두 아들을 잃음.
1910년　희곡〈암실의 왕〉출간함.
1911년　희곡〈우체국〉출간함.
1912년　영국의 인도협회에서〈기탄잘리〉출판(Yeats의 서문)함, 미국 방문.
1913년　시집 기탄잘리로 노벨문학상 수상.〈정원사〉〈생의 실현〉〈초승달〉〈치트라〉출판함.

1915년     간디와 처음 만남. 영국의 죠오지 5세로부터 Knight 작위 받음.

1916년     일본 방문, 미국 방문. 〈시들〉〈열매 모으기〉〈굶주린 돌〉〈길잃은 새들〉 출판함.

1917년     〈나의 회상기〉 희곡 〈봄의 윤회〉〈국가주의〉〈인격론〉 출판함.

1918년     단편 〈애인의 선물〉〈교차로〉〈이모〉, 단편집 〈타고르 단편집〉〈앵무새 훈련〉등 출판함

1919년     영국의 대학살 감행을 보고 Knight 사임. 〈가정과 세계〉〈망명자〉 등 출판함. 로망 롤랑과 만남

1920년     그가 설립하는 뷔슈바 바라티의 설립 기금을 위하여 도영(渡英).

1921년     〈운명의 난파〉〈상상의 유해〉 등 출판함. 산띠니께딴 대학 설립. 불란서에서 강연.

1922년     〈창조적 통일〉 출판함. 일본 방문.

1924년     〈고라〉〈작별의 저주〉 출판함.

1925년     부에노스아이레스 방문. 희곡 〈붉은 유도화〉〈사중주〉 등 출판함.

1926년     이탈리아 방문. 크로체, 듀아벨과 만남.

1927년     동남아시아 여행. 싱가포르, 말라카, 쿠알라룸푸르, 자카르타, 자바 등지를 방문.

1928년     〈반딧불〉〈교류〉〈최후의 시〉〈모화〉〈숲의 소리〉 출판함.

1929년     캐나다 방문, 일본 방문. 〈노래의 꽃다발〉 출판함.

1930년     파리 방문. 앙드레 지드와 만남. 옥스포드 대학에

|       |                                                                 |
|-------|-----------------------------------------------------------------|
|       | 서 〈인간의 종교〉 강연. 러시아 방문. 파리의 삐가르 화랑에서 개인 미전. |
| 1931년 | 독일방문. 아인슈타인과 대화. 〈어린이〉〈인간의 종교〉 출판함. 벨린 모래르 화랑에서 개인 미전. |
| 1932년 | 페르시아 방문. 간디가 단식으로 빈사상태에 이르자 감옥으로 그를 방문. 〈황금의 배〉 출판함. |
| 1940년 | 〈나의 소년 시절〉 출판함. 간디 부처가 산띠니께딴 방문. |
| 1941년 | 시 〈그대의 창조의 길을〉을 마지막으로 구술함. 8월 7일 타계함. 기타 수많은 작품들(문학, 미술, 음악, 논문 등)을 남기고 있다. |

□ 옮긴이 소개

김양식

이대 문리대 영문학과 졸업.
동국대학교 대학원 인도철학과 수료.
한국 타고르문학회 회장.
저서 시집《정읍후사(井邑後詞)》
　　　수필집《세계 시인과의 만남》
역서《R. 타고르의 생애와 사상》

□ 그린이 소개

윤재준

서울대 미대 졸업.
중앙대 신문방송학과 졸업.
전 경인여자대학 컴퓨터정보디자인학부 교수.
현재 중앙대 첨단영상예술대학원 박사과정.
서울특별시 인터넷 자문위원.
저서《POWER PHOTOSHOP 끝내주기 5.0》

# 기탄잘리

1985년　4월　25일　초판　1쇄 발행
2001년　2월　20일　2판　1쇄 발행
2010년　2월　25일　2판　3쇄 발행

　　　　　　지은이　R. 타 고 르
　　　　　　옮긴이　김　양　식
　　　　　　그린이　윤　재　준
　　　　　　펴낸이　윤　형　두
　　　　　　펴낸데　범　우　사

　　　　　등　록　1966. 8. 3.　제 406-2003-048호
　　　413-756　경기도 파주시 교하읍 문발리 525-2
　　　　　전　화　(031)955-6900, 팩스 (031)955-6905

* 파본은 교환해 드립니다.　　　　　편집·교정 | 김지선

ISBN 89-08-03238-×　04890　(인터넷) www.bumwoosa.co.kr
　　　89-08-03202-9　(세트)　(이메일) bumwoosa@chol.com

# 2005년 서울대·연대·고대 권장도서 및
## 논술시험 준비중인 청소년과 대학생을
# 범우비평판

1 토마스 불핀치 1 그리스·로마 신화 최혁순 ★●
    2 원탁의 기사 한영환
    3 샤를마뉴 황제의 전설 이성규
2 도스토예프스키 1-2 죄와 벌(전2권) 이철 ◆
    3-5 카라마조프의 형제(전3권) 김학수 ★●
    6-8 백치(전3권) 박형규
    9-11 악령(전3권) 이철
3 W. 셰익스피어 1 셰익스피어 4대 비극 이태주 ★●●
    2 셰익스피어 4대 희극 이태주
    3 셰익스피어 4대 사극 이태주
    4 셰익스피어 명언집 이태주
4 토마스 하디 1 테스 김회진 ◆
5 호메로스 1 일리아스 유영 ★●●
    2 오디세이아 유영 ★●●

6 밀 턴 1 실낙원 이창배
7 L. 톨스토이 1 부활(전2권) 이철
    3-4 안나 카레니나(전2권) 이철 ★●
    5-8 전쟁과 평화(전4권) 박형규 ◆
8 토마스 만 1-2 마의 산(전2권) 홍경호
9 제임스 조이스 1 더블린 사람들·비평문 김종건
    2-5 율리시즈(전4권) 김종건
    6 젊은 예술가의 초상 김종건 ★●●
    7 피네간의 경야(抄)·詩·에피파니 김종건
    8 영웅 스티븐·망명자들 김종건
10 생 텍쥐페리 1 전시 조종사(외) 조규철
    2 젊은이의 편지(외) 조규철·이정림
    3 인생의 의미(외) 조규철
    4-5 성채(전2권) 염기용
    6 야간비행(외) 전채린·신경자
11 단테 1-2 신곡(전2권) 최현 ★●
12 J. W. 괴테 1-2 파우스트(전2권) 박환덕 ★●●
13 J. 오스틴 1 오만과 편견 오화섭 ◆
    2-3 맨스필드 파크(전2권) 이옥용
14 V. 위 고 1-5 레 미제라블(전5권) 방곤
15 임어당 1 생활의 발견 김병철
16 루이제 린저 1 생의 한가운데 강두식
    2 고원의 사랑·옥중기 김문숙·홍경호
17 게르만 서사시 1 니벨룽겐의 노래 허창운
18 E. 헤밍웨이 1 누구를 위하여 종은 울리나 김병철
    2 무기여 잘 있거라(외) 김병철 ◆
19 F. 카프카 1 성(城) 박환덕
    2 변신 박환덕 ★●●
    3 심판 박환덕
    4 실종자 박환덕
    5 어느 투쟁의 기록(외) 박환덕
    6 밀레나에게 보내는 편지 박환덕

溫故知新으로 21세기를! 범우사 Tel 717-2121 Fax 717-0429
www.bumwoosa.co.kr

# 미국 수능시험주관 대학위원회 추천도서!

## 위한 책 최다 선정(31종) 1위!

# 세계문학

**147권** 발행 ▶계속 출간

▶크라운변형판
▶각권 7,000원~15,000원
▶전국 서점에서 낱권으로 판매합니다

● 서울대 권장도서
● 연고대 권장도서
◆ 미국대학위원회 추천도서

- 20 에밀리 브론테 1 폭풍의 언덕 안동민 ◆
- 21 마가렛 미첼 1-3 바람과 함께 사라지다(전3권) 송관식·이병규
- 22 스탕달 1 적과 흑 김봉구 ★●
- 23 B. 파스테르나크 1 닥터 지바고 오재국 ◆
- 24 마크 트웨인 1 톰 소여의 모험 김병철
  - 2 허클베리 핀의 모험 김병철 ◆
  - 3-4 마크 트웨인 여행기(전2권) 박미선
- 25 조지 오웰 1 동물농장·1984년 김회진 ●
- 26 존 스타인벡 1-2 분노의 포도(전2권) 전형기
  - 3-4 에덴의 동쪽(전2권) 이성호
- 27 우나무노 1 안개 김현창
- 28 C. 브론테 1-2 제인 에어(전2권) 배영원 ◆
- 29 헤르만 헤세 1 知와 사랑·싯다르타 홍경호
  - 2 데미안·크눌프·로스할데 홍경호
  - 3 페터 카멘친트·게르트루트 박환덕
  - 4 유리알 유희 박환덕
- 30 알베르 카뮈 1 페스트·이방인 방 곤 ◆
- 31 올더스 헉슬리 1 멋진 신세계(외) 이성규·허정애 ◆
- 32 기 드 모파상 1 여자의 일생·단편선 이정림
- 33 투르게네프 1 아버지와 아들 이철 ◆
  - 2 처녀지·루딘 김학수
- 34 이미륵 1 압록강은 흐른다(외) 정규화
- 35 T. 드라이저 1 시스터 캐리 전형기
  - 2-3 미국의 비극(전2권) 김병철 ◆
- 36 세르반떼스 1 돈 끼호떼 김현창 ★●◆
  - (속) 돈 끼호떼 김현창
- 37 나쓰메 소세키 1 마음·그 후 서석연 ★
  - 명암 김정훈
- 38 플루타르코스 1-8 플루타르크 영웅전(전8권) 김병철
- 39 안네 프랑크 1 안네의 일기(외) 김남석·서석연
- 40 강용흘 1 초당 장문평
  - 2 동양선비 서양에 가시다 유영
- 41 나관중 1-5 원본 三國志(전5권) 황병국
- 42 귄터 그라스 1 양철북 박환덕 ★●
- 43 아쿠타가와류노스케 1 아쿠타가와 작품선 진웅기·김진욱
- 44 F. 모리악 1 떼레즈 데께루·밤의 종말(외) 전채린
- 45 에리히 M.레마르크 1 개선문 홍경호
  - 2 그늘진 낙원 홍경호·박상배
  - 3 서부전선 이상없다(외) 박환덕 ◆
- 46 앙드레 말로 1 희망 이가형
- 47 A. J. 크로닌 1 성채 공문혜
- 48 하인리히 뵐 1 아담 너는 어디 있었느냐(외) 홍경호
- 49 시몬느 드 보봐르 1 타인의 피 전채린
- 50 보카치오 1-2 데카메론(전2권) 한형곤
- 51 R. 타고르 1 고라 유영
- 52 R. 롤랑 1-5 장 크리스토프(전5권) 김창석
- 53 노발리스 1 푸른 꽃(외) 이유영
- 54 한스 카로사 1 아름다운 유혹의 시절 홍경호
  - 2 루마니아 일기(외) 홍경호
- 55 막심 고리키 1 어머니 김현택
- 56 미우라 아야코 1 빙점 최현
  - 2 (속)빙점 최현
- 57 김현창 1 스페인 문학사
- 58 시드니 셸던 1 천사의 분노 황보석
- 59 아이작 싱어 1 적들, 어느 사랑이야기 김회진

**주머니 속 내 친구! 범우문고**

【각권 값 2,800원】

| | | |
|---|---|---|
| 1 수필 피천득 | 24 애정은 기도처럼 이영도 | 47 사람은 무엇으로 사는가 L.톨스토이/김진욱 |
| 2 무소유 법정 | 25 이브의 천형 김남조 | 48 불가능은 없다 R.슐러/박호순 |
| 3 바다의 침묵(외) 베르코르/조규철·이정림 | 26 탈무드 M.토케이어/정진태 | 49 바다의 선물 A.린드버그/신상웅 |
| 4 살며 생각하며 미우라 아야코/진웅기 | 27 노자도덕경 노자/황병국 | 50 잠 못 이루는 밤을 위하여 C.힐티/홍경호 |
| 5 오, 고독이여 F.니체/최혁순 | 28 갈매기의 꿈 R바크/김진욱 | 51 딸깍발이 이희승 |
| 6 어린 왕자 A.생 텍쥐페리/이정림 | 29 우정론 A.보나르/이정림 | 52 몽테뉴 수상록 M.몽테뉴/손석린 |
| 7 톨스토이 인생론 L.톨스토이/박형규 | 30 명상록 M.아우렐리우스/황문수 | 53 박재삼 시집 박재삼 |
| 8 이 조용한 시간에 김우종 | 31 젊은 여성을 위한 인생론 P.벅/김진욱 | 54 노인과 바다 E.헤밍웨이/김회진 |
| 9 시지프의 신화 A.카뮈/이정림 | 32 B A감과 러브레터 헌진건 | 55 향연·뤼시스 플라톤/최현 |
| 10 목마른 계절 전혜린 | 33 조병화 시집 조병화 | 56 젊은 시인에게 보내는 편지 R.릴케/홍경호 |
| 11 젊은이여 인생을… A.모르아/방곤 | 34 느티의 일월 모윤숙 | 57 피천득 시집 피천득 |
| 12 채근담 홍자성/최현 | 35 로렌스의 성과 사랑 D.H.로렌스/이성호 | 58 아버지의 뒷모습(외) 주자청(외)/허세욱(외) |
| 13 무진기행 김승옥 | 36 박인환 시집 박인환 | 59 현대의 신 N.쿠치카(편)/진철승 |
| 14 공자의 생애 최현 엮음 | 37 모래톱 이야기 김정한 | 60 별·마지막 수업 A.도데/정봉구 |
| 15 고독한 당신을 위하여 L.린저/곽복록 | 38 창문 김태길 | 61 인생의 선용 J.러보크/한영환 |
| 16 김소월 시집 김소월 | 39 방랑 H.헤세/홍경호 | 62 브람스를 좋아하세요… F.사강/이정림 |
| 17 장자 장자/허세욱 | 40 손자병법 손무/황병국 | 63 이동주 시집 이동주 |
| 18 예언자 K.지브란/유제하 | 41 소설·알렉산드리아 이병주 | 64 고독한 산보자의 꿈 J.루소/염기용 |
| 19 윤동주 시집 윤동주 | 42 전락 A.카뮈/이정림 | 65 파이돈 플라톤/최현 |
| 20 명정 40년 변영로 | 43 사노라면 잊을 날이 윤형두 | 66 백장미의 수기 I.숄/홍경호 |
| 21 산사에 심은 뜻은 이청담 | 44 김삿갓 시집 김병연/황병국 | 67 소년 시절 H.헤세/홍경호 |
| 22 날개 이상 | 45 소크라테스의 변명(외) 플라톤/최현 | 68 어떤 사람이기에 김동길 |
| 23 메밀꽃 필 무렵 이효석 | 46 서정주 시집 서정주 | 69 가난한 밤의 산책 C.힐티/송영택 |

| | | |
|---|---|---|
| 70 근원수필 김용준 | 119 직업으로서의 학문·정치 M.베버/김진욱(외) | 167 귀여운 여인(외) A.체호프/박형규 |
| 71 이방인 A.카뮈/이성림 | 120 요재지이 포송령/진기환 | 168 아리스토파네스 희곡선 아리스토파네스/최현 |
| 72 롱펠로 시집 H.롱펠로/윤삼하 | 121 한설야 단편선 한설야 | 169 세네카 희곡선 테렌티우스/최 현 |
| 73 명사십리 한용운 | 122 쇼펜하우어 수상록 쇼펜하우어/최혁순 | 170 테렌티우스 희곡선 테렌티우스/최 현 |
| 74 왼손잡이 여인 P.한트케/홍경호 | 123 유태인의 성공법 M.토케이어/진웅기 | 171 외투·코 고골리/김영국 |
| 75 시민의 반항 H.소로/황문수 | 124 레디메이드 인생 채만식 | 172 카르멘 메리메/김진욱 |
| 76 민중조선사 전석담 | 125 인물 삼국지 모리야 히로시/김승일 | 173 방법서설 데카르트/김진욱 |
| 77 동문서답 조지훈 | 126 한글 명심보감 장기근 옮김 | 174 페이터의 산문 페이터/이성호 |
| 78 프로타고라스 플라톤/최현 | 127 조선문화사서설 모리스 쿠랑/김수경 | 175 이해사회학의 카테고리 막스 베버/김진욱 |
| 79 표본실의 청개구리 염상섭 | 128 역옹패설 이제현/이상보 | 176 러셀의 수상록 러셀/이성규 |
| 80 문주반생기 양주동 | 129 문장강화 이태준 | 177 속악유희 최영년/황순구 |
| 81 신조선혁명론 박열/서석연 | 130 중용·대학 차주환 | 178 권리를 위한 투쟁 R.예링/심윤종 |
| 82 조선과 예술 야나기 무네요시/박재삼 | 131 조선미술사연구 윤희순 | 179 돌과의 문답 이규보/장덕순 |
| 83 중국혁명론 모택동(외)/박광종 엮음 | 132 옥중기 오스카 와일드/임헌영 | 180 성황당(외) 정비석 |
| 84 탈출기 최서해 | 133 유태인식 돈벌이 후지다 덴/지방훈 | 181 양주갔(외) 팔벅/김병걸 |
| 85 바보네 가게 박연구 | 134 가난한 날의 행복 김소운 | 182 봄의 수상(외) 조지 기싱/이창배 |
| 86 도왜실기 김구/엄항섭 엮음 | 135 세계의 기적 박광순 | 183 아미엘 일기 아미엘/민희식 |
| 87 슬픔이여 안녕 F.사강/이정림·방곤 | 136 이퇴계의 활인심방 정숙 | 184 예언자의 집에서 토마스 만/박환덕 |
| 88 공산당 선언 K.마르크스·F.엥겔스/서석연 | 137 카네기 처세술 데일 카네기/천민식 | 185 모자철학 가드너/이창배 |
| 89 조선문학사 이명선 | 138 요로원야화기 김승일 | 186 짝 잃은 거위를 곡하노라 오상순 |
| 90 권태 이상 | 139 푸슈킨 신문 소설집 푸슈킨/김영국 | 187 무하선생 방랑기 김상용 |
| 91 내 마음속의 그들 한승헌 | 140 삼국지의 지혜 황의백 | 188 어느 시골의 고백 릴케/송영택 |
| 92 노동자강령 F.라살레/서석연 | 141 슬견설 이규보/장덕순 | 189 한국의 멋 윤태림 |
| 93 장씨 일가 유주현 | 142 보리 한흑구 | 190 자연과 인생 도쿠토미 로카/진웅기 |
| 94 백설부 김진섭 | 143 에머슨 수상록 에머슨/윤삼하 | 191 태양의 계절 이시하라 신타로/고명국 |
| 95 에코스파즘 A.토플러/김진욱 | 144 이사도라 덩컨의 무용에세이 I.덩컨/최혁순 | 192 애서광 이야기 구스타브 플로베르/이민정 |
| 96 가난한 농민에게 바란다 N.레닌/이정일 | 145 북학의 박제가/김승일 | 193 명심보감의 명구 191 이응백 |
| 97 고리키 단편선 M.고리키/김영국 | 146 두뇌혁명 T.R.블랙슬리/최현 | 194 아큐정전 루쉰/허세욱 |
| 98 러시아의 조선침략사 송정환 | 147 베이컨 수상록 베이컨/최혁순 | 195 촛불 신석정 |
| 99 기재기이 신광한/박헌순 | 148 동백꽃 김유정 | 196 인간제대 추식 |
| 100 홍경래전 이명선 | 149 하루 24시간 어떻게 살 것인가 A.베넷/이은순 | 197 고향산수 마해송 |
| 101 인간만사 새옹지마 리영희 | 150 평민한문학사 허경진 | 198 아랑의 정조 박종화 |
| 102 청춘을 불사르고 김일엽 | 151 정선아리랑 김병하·김연갑 공편 | 199 지사총 조선작 |
| 103 모범경작생(외) 박영준 | 152 독서요법 황의백 엮음 | 200 홍동백서 이어령 |
| 104 방망이 깎던 노인 윤오영 | 153 나는 왜 기독교인이 아닌가 B.러셀/이재황 | 201 유령의 집 최인호 |
| 105 찰스 램 수필선 C.램/양병석 | 154 조선사 연구(草) 신채호 | 202 목련초 오정희 |
| 106 구도자 고은 | 155 중국의 신화 장기근 | 203 친구 송영 |
| 107 표해록 장한철/정병욱 | 156 무명장생 건강법 배기성 엮음 | 204 쫓겨난 아담 유치환 |
| 108 월광곡 홍난파 | 157 조선위인전 신채호 | 205 카마수트라 바스야야나/송미영 |
| 109 무서록 이태준 | 158 정감록비결 편집부 엮음 | 206 한 가닥 공상 밀른/공덕룡 |
| 110 나생문(외) 아쿠타가와 류노스케/진웅기 | 159 유태인 상술 후지다 덴 | 207 사랑의 샘가에서 우치무라 간조/최현 |
| 111 해변의 시 김동석 | 160 동물농장 조지 오웰 | 208 황무지 공원에서 유달영 |
| 112 발자크와 스탕달의 예술논쟁 김진욱 | 161 신록 예찬 이양하 | 209 산정무한 정비석 |
| 113 파한집 이인로/이상보 | 162 진도 아리랑 박병훈·김연갑 | 210 조선해학 어수록 장한종 |
| 114 역사소품 곽말약/김승일 | 163 책이 좋아 책하고 사네 윤형두 | 211 조선해학 파수록 부묵자 |
| 115 체스·아내의 불안 S.츠바이크/오영희 | 164 속담에세이 박연구 | |
| 116 복덕방 이태준 | 165 중국의 신화(후편) 장기근 | |
| 117 실천론(외) 모택동/김승일 | 166 중국인의 에로스 장기근 | |
| 118 순오지 홍만종/전규태 | | |

www.bumwoosa.co.kr  TEL 02)717-2121  범우사

온고지신(溫故知新)으로 21세기를!

현대사회를 보다 새로운 시각으로 종합진단하여
그 처방을 제시해주는

# 범우사상신서

1 자유에서의 도피  E. 프롬/이상두
2 젊은이여 오늘을 이야기하자  렉스프레스誌/방곤·최혁순
3 소유냐 존재냐  E. 프롬/최혁순
4 불확실성의 시대  J. 갈브레이드/박현채·전철환
5 마르쿠제의 행복론  L. 마르쿠제/황문수
6 너희도 神처럼 되리라  E. 프롬/최혁순
7 의혹과 행동  E. 프롬/최혁순
8 토인비와의 대화  A. 토인비/최혁순
9 역사란 무엇인가  E. 카/김승일
10 시지프의 신화  A. 카뮈/이정림
11 프로이트 심리학 입문  C.S. 홀/안귀여루
12 근대국가에 있어서의 자유  H. 라스키/이상두
13 비극론·인간론(외)  K. 야스퍼스/황문수
14 엔트로피  J. 리프킨/최현
15 러셀의 철학노트  B. 페인버그·카스릴스(편)/최혁순
16 나는 믿는다  B. 러셀(외)/최혁순·박상규
17 자유민주주의에 희망은 있는가  C. 맥퍼슨/이상두
18 지식인의 양심  A. 토인비(외)/임헌영
19 아웃사이더  C. 윌슨/이성규
20 미학과 문화  H. 마르쿠제/최현·이근영
21 한일합병사  야마베 겐타로/안병무
22 이데올로기의 종언  D. 벨/이상두
23 자기로부터의 혁명 ①  J. 크리슈나무르티/권동수
24 자기로부터의 혁명 ②  J. 크리슈나무르티/권동수
25 자기로부터의 혁명 ③  J. 크리슈나무르티/권동수
26 잠에서 깨어나라  B. 라즈니시/길연
27 역사학 입문  E. 베른하임/박광순
28 법화경 이야기  박혜경
29 융 심리학 입문  C.S. 홀(외)/최현
30 우연과 필연  J. 모노/김진욱
31 역사의 교훈  W. 듀란트(외)/천희상
32 방관자의 시대  P. 드러커/이상두·최혁순
33 건전한 사회  E. 프롬/김병익
34 미래의 충격  A. 토플러/장을병
35 작은 것이 아름답다  E. 슈마허/김진욱
36 관심의 불꽃  B. 크리슈나무르티/강옥구
37 종교는 필요한가  B. 러셀/이재황
38 불복종에 관하여  E. 프롬/문국주
39 인물로 본 한국민족주의  장을병
40 수탈된 대지  E. 갈레아노/박광순
41 대장정—작은 거인 등소평  H. 솔즈베리/정성호
42 초월의 길 완성의 길  마하리시/이병기
43 정신분석학 입문  S. 프로이트/서석연
44 철학적 인간 종교적 인간  황필호
45 권리를 위한 투쟁(외)  R. 예링/심윤종·이주향
46 창조와 용기  R. 메이/안병무
47-1 꿈의 해석 ⑤  S. 프로이트/서석연
47-2 꿈의 해석 ⑤  S. 프로이트/서석연
48 제3의 물결  A. 토플러/김진욱
49 역사의 연구 ①  D. 서머벨 엮음/박광순
50 역사의 연구 ②  D. 서머벨 엮음/박광순
51 건건록  무쓰 무네미쓰/김승일
52 가난이야기  가와카미 하지메/서석연
53 새로운 세계사  마르크 페로/박광순
54 근대 한국과 일본  나카스카 아키라/김승일
55 일본 자본주의의 정신  야마모토 시치헤이/김승일·이근영
56 정신분석과 듣기 예술  E. 프롬/호연심리센터

▶ 계속 펴냅니다

범우사  서울시 마포구 구수동 21-1호 전화 717-2121, FAX 717-0429
http://www.bumwoosa.co.kr (천리안·하이텔 ID) BUMWOOSA

온고지신(溫故知新)으로 21세기를!

# 범우고전선

시대를 초월해 인간성 구현의 모범으로 삼을 만한 책을 엄선

| | | | | |
|---|---|---|---|---|
| 1 | 유토피아 토마스 모어/황문수 | | 29 | 국부론(상) A. 스미스/최호진·정해동 |
| 2 | 오이디푸스 王 소포클레스/황문수 | | 30 | 국부론(하) A. 스미스/최호진·정해동 |
| 3 | 명상록·행복론 M.아우렐리우스·L.세네카/황문수·최현 | | 31 | 펠로폰네소스 전쟁사(상) 투키디데스/박광순 |
| 4 | 깡디드 볼떼르/염기용 | | 32 | 펠로폰네소스 전쟁사(하) 투키디데스/박광순 |
| 5 | 군주론·전술론(외) 마키아벨리/이상두 | | 33 | 孟子 차주환 옮김 |
| 6 | 사회계약론(외) J. 루소/이태일·최현 | | 34 | 아방강역고 정약용/이민수 |
| 7 | 죽음에 이르는 병 키에르케고르/박환덕 | | 35 | 서구의 몰락 ① 슈펭글러/박광순 |
| 8 | 천로역정 존 버니언/이현주 | | 36 | 서구의 몰락 ② 슈펭글러/박광순 |
| 9 | 소크라테스 회상 크세노폰/최혁순 | | 37 | 서구의 몰락 ③ 슈펭글러/박광순 |
| 10 | 길가메시 서사시 N.K. 샌다스/이현주 | | 38 | 명심보감 장기근 |
| 11 | 독일 국민에게 고함 J.G. 피히테/황문수 | | 39 | 월든 H.D. 소로/양병석 |
| 12 | 히페리온 F. 횔덜린/홍경호 | | 40 | 한서열전 반고/홍대표 |
| 13 | 수타니파타 김운학 옮김 | | 41 | 참다운 사랑의 기술과 허튼 사랑의 질책 안드레아스/김영락 |
| 14 | 쇼펜하우어 인생론 A. 쇼펜하우어/최현 | | 42 | 종합 탈무드 마빈 토케이어(외)/전풍자 |
| 15 | 톨스토이 참회록 L.N. 톨스토이/박형규 | | 43 | 백유화상어록 백유화상/석찬선사 |
| 16 | 존 스튜어트 밀 자서전 J.S. 밀/배영원 | | 44 | 조선복식고 이여성 |
| 17 | 비극의 탄생 F.W. 니체/곽복록 | | 45 | 불조직지심체요절 백운선사/박문열 |
| 18-1 | 에 밀(상) J.J. 루소/정봉구 | | 46 | 마가렛 미드 자서전 M.미드/최혁순·최인옥 |
| 18-2 | 에 밀(하) J.J. 루소/정봉구 | | 47 | 조선사회경제사 백남운/박광순 |
| 19 | 팡 세 B. 파스칼/최현·이정림 | | 48 | 고전을 보고 세상을 읽는다 모리야 히로시/김승일 |
| 20-1 | 헤로도토스 歷史(상) 헤로도토스/박광순 | | 49 | 한국통사 박은식/김승일 |
| 20-2 | 헤로도토스 歷史(하) 헤로도토스/박광순 | | 50 | 콜럼버스 항해록 라스 카사스 신부 엮음/박광순 |
| 21 | 성 아우구스티누스 고백록 A.아우구스티누/김평옥 | | 51 | 삼민주의 쑨원/김승일(외) 옮김 |
| 22 | 예술이란 무엇인가 L.N. 톨스토이/이철 | | 52-1 | 나의 생애(상) L. 트로츠키/박광순 |
| 23 | 나의 투쟁 A. 히틀러/서석연 | | 52-1 | 나의 생애(하) L. 트로츠키/박광순 |
| 24 | 論語 황병국 옮김 | | 53 | 북한산 역사지리 김윤우 |
| 25 | 그리스·로마 회곡선 아리스토파네스(외)/최현 | | 54-1 | 몽계필담(상) 심괄/최병규 |
| 26 | 갈리아 戰記 G.J. 카이사르/박광순 | | 54-1 | 몽계필담(하) 심괄/최병규 |
| 27 | 善의 연구 니시다 기타로/서석연 | | | |
| 28 | 육도·삼략 하재철 옮김 | | | ▶ 계속 펴냅니다 |

범우사 서울시 마포구 구수동 21-1호 TEL 717-2121, FAX 717-0429
http://www.bumwoosa.co.kr (E-mail) bumwoosa@chollian.net

범우비평판세계문학 38-①~⑧

**책 속에 영웅의 길이 있다…!!**

# 플루타르크 영웅전

플루타르코스 / 김병철(중앙대 명예교수) 옮김

'99년도 대학 논술고사 출제

## 국내 최초 완역, 크라운변형 新개정판 출간!

프랑스의 루소가 되풀이하여 읽고, 나폴레옹과 베토벤, 괴테가
평생 곁에 두고 애독한 그리스·로마의 영웅열전(英雄列傳)!
영웅들의 성격과 인물 됨됨이를 사실적으로 묘사한 영웅 보감!

그리스와 로마의 영웅들과 위인들의 파란만장한 생애를 통해 그들의 성격과 도덕적 견해를 대비시켜
묘사함으로써 정의와 불의, 선과 악, 진리와 허위, 이성간의 사랑 등 인간의 모든 문제를 파헤쳐 보이고 있다.

지금 전세계의 도서관에 불이 났다면 나는 우선 그 불속에 뛰어들어가 '셰익스피어 전집'과 '플루타르크
영웅전'을 건지는데 내 몸을 바치겠다.　—美 사상가·시인 에머슨의 말—

새로운 편집 장정 / 전8권 / 크라운 변형판 / 각권 8,000원~9,000원

 **범우사**　서울시 마포구 구수동 21-1호 TEL 717-2121, FAX 717-0429
　　　　　http://www.bumwoosa.co.kr (E-mail)bumwoosa@chollian.net